2007年7月14日(革命記念日)、招待客で賑わうエリゼ宮最大の間「祝祭の間」

サンルームになっている「冬の間」は「祝祭の間」の隣にある

エリゼ宮の‘食’を一手に担う台所

使い込まれた数々の銅鍋が並ぶ

2017年7月13日、フランス独立記念日の前日に行なわれた、
マクロン仏大統領（右）とトランプ米大統領（左）の共同会見

会見が行なわれたのは「祝祭の間」

エリゼ宮正面玄関でトランプ大統領を見送るマクロン

会見当日の、エリゼ宮正門前の様子

大統領府から読むフランス300年史

―エリゼ宮の権力亡者たち―

山口昌子

祥伝社黄金文庫

本書は、２００７年11月に『エリゼ宮物語』として産経新聞出版より発行、扶桑社より発売された作品を加筆・修正して改題のうえ文庫化したものです。

文庫版のためのまえがき

エリゼ宮に興味を持ち始めたのは、新聞社のパリ支局長として赴任した直後の1990年に遡《さかのぼ》る。当時のフランソワ・ミッテラン大統領が同年8月の湾岸危機から翌91年1月の湾岸戦争勃発まで9回、エリゼ宮で記者会見を開いたので、いきなり、このフランスの権力の中枢が取材先として、なじみの場所になったからだ。

特に外国人特派員にとって、エリゼ宮が首相府に比較して取材拠点になっているのは、第五共和制の憲法（1958年制定）で、「外交と国防」が大統領の専管事項に規定されているからだ。大統領自身や各国の首脳との首脳会談後に記者会見を行なうエリゼ宮最大の「祝祭の間」には、何回足を運んだことか。最新は2017年7月13日のエマニュエル・マクロンとドナルド・トランプ米大統領の共同記者会見だった。

フランソワ・オランドは1月に慣例の記者会見を開いたが、この時は私生活も含めた内政問題が中心になることが多かった。エリゼ宮はもとより、エリゼ宮の両側のエリゼ通りとマリニー大通りの別館でも報道官が会見をことあるごとに開いたが、ニコラ・サルコジの大統領時代には離婚問題に質問が集中したこともあった。

アルジェリア戦争中に規定された憲法の第16条には大統領の「緊急措置権」として、「共和国の制度、国家の独立、その領土の一体性またはその国際的取り決めの執行が重大かつ直接に脅かされ、かつ、憲法上の公権力の正常な運営が中断される時は、共和国大統領は、首相、両院議長ならびに憲法評議会への公式の諮問《しもん》ののち、それらの事態によって必要とされる措置を取る」とされ、大統領に一種の「独裁権」が与えられている。その巨大な権限を与えられた大統領の仕事場であり、生活の場でもあるエリゼ宮はある意味で、フランスという国のかたちも象徴しているといえる。

歴代の住人はルイ15世の愛人、ポンパドール侯爵夫人やナポレオン1世とその家族たち、ロマン派の詩人、アルフレッド・ド・ヴィニーもいる。暗殺されたり、「過労死」したり、愛人を連れて入居したりと歴代大統領の逸話もドラマチックだ。フランス革命（1789年）の70年余も前に建てられたこの建物で繰り広げられる人間ドラマはフランス人の生態も浮き彫りにしてくれる。

王政から流血革命を経て共和制、帝政、王政復古、そしてナチス・ドイツの占領を経て現在の第五共和制と目まぐるしく体制が変わった約300年のエリゼ宮の歴史と代々の住人の逸話を紐《ひも》解くことで、国連常任理事国、主要国首脳会議（サミット）や欧州連合（EU）、北大西洋条約機構（NATO）などの主要加盟国として、曲がりなりにも大国の地位を保ちつづけるフランスの権力の拠り所を探り、同様に長い歴史を持つ日本との相違も探ってみたいというのが、本書の執筆動機でもある。
意図通りに書き終えられるかどうか――。

なお本書は2006年6月22日から10月2日まで100回にわたって産経新聞に連載した「エリゼ宮物語」に加筆して2007年11月に産経新聞出版社から出版した同題名の単行本に、さらにその後の「エリゼ宮」の住人――2017年5月に新たに入居したエマニュエル・マクロンを中心に「序章」を大幅に加筆した。フランスの政治制度の表記に関しては、「共和制」のみ制度性が強いほか新聞表記などを参考に、「政」ではなく「制」を使用した。

目次

第3章 王政復古から共和制へ

第4章 共和制の確立——第三共和制から第五共和制

イラスト——須山奈津希
デザイン——ヤマシタツトム

序章

2017年5月7日午後10時過ぎ、ベートーヴェンの第九交響曲四楽章「歓喜の歌」が五月にしては寒い夜空に響く中、2時間前に当選を決めたばかりの新大統領、エマニュエル・マクロンがパリのど真ん中、ルーヴル美術館前の広場に姿を現すと、数万人の支持者から「マクロン、大統領！」の割れるような大歓声が湧き起こった。即日開票の結果、マクロンは66・06％、極右政党・国民戦線（FN）党首マリーヌ・ルペンは33・94％だった。1回投票のマクロン24・01％、ルペン21・03％の得票率の差が決選投票で劇的に広がったのは、国民が一重に、共和国の理念、「自由、平等、博愛」の旗の下《もと》で結束したからだ（フランス大統領選は直接投票、2回投票制。1回投票の上位2人で決選投票を争う）。

三色旗が打ち振られ、まるでサッカーの仏代表が優勝した時のような屈託のない喜びに満ちた雰囲気だ。ちょっと異なるのは、青地に金の星をちりばめた欧州連合（EU）旗が所々で振られたことだろうか。「歓喜の歌」も欧州統合を目指して欧州共同体（EC）時代に選定された公式歌（1985年制定）だ。対抗馬のルペンが約10％の高失業率やテロを含めた治安の悪化、不法移民の流入など諸悪の根源は「欧州」にあるとし、「反欧州」を掲げたことに対する強いアンチテーゼが、新大統領と支持者たちとの間で、暗黙のうちに一致した結果だ。

マクロンの黒いコートの襟からのぞく、夜目にも白く輝くワイシャツが、39歳の若者の清新さと過去約20年間続いた左右の既成政党による澱《よど》んだ統治の空気を一掃する象徴のようにも見えた。第五共和制（1958年制定）で8人目、1875年の第三共和制発足以来25人目。観衆の中から突然、湧き起こった国歌「ラ・マルセイエーズ」の大合唱は、40歳で当選したルイ・ナポレオン（1848年二月革命で誕生した第二共和制下の大統領、後のナポレオン3世）の最年少記録を塗り替えた新大統領に対し、老大国フランスの「変化」と「希望」を託した応援歌のように聞こえた。

この決選投票の得票率は第五共和制下では、2002年の大統領選の決選投票で右派のジャック・シラクが極右のルペンの父親、ジャン＝マリ・ルペンを相手に獲得した82・21％に次ぐものだ。国民戦線の創始者で臆面もなく「人種差別」を標榜したジャン＝マリが、この時も高失業率、治安悪化を背景に社会党の統一候補リオネル・ジョスパン（当時首相）を破り、決選投票に進出したが、まったくの予想外の出来事だった。仰天した社会党、共産党などの左派支持者が一致してシラクに投票した結果だ。

【第五共和制（1958年-）の大統領たち】

フランス国民有権者の直接投票で選出。

18代	**シャルル・ド・ゴール（1890-1970）**
	第1期　1959年1月8日～1966年1月8日 第2期　1966年1月8日～1969年4月28日 （任期途中に辞任）
臨時代行	**アラン・ポエール（1909-1996）**
	1969年4月28日～1969年6月20日
19代	**ジョルジュ・ポンピドー（1911-1974）**
	1969年6月20日～1974年4月2日 （在任中に死去）
臨時代行	**アラン・ポエール**
	1974年4月2日～1974年5月27日
20代	**ヴァレリー・ジスカールデスタン（1926-）**
	1974年5月27日～1981年5月21日
21代	**フランソワ・ミッテラン（1916-1996）**
	第1期　1981年5月21日～1988年5月21日 第2期　1988年5月21日～1995年5月17日
22代	**ジャック・シラク（1932-）**
	第1期　1995年5月17日～2002年5月16日 第2期　2002年5月16日～2007年5月16日
23代	**ニコラ・サルコジ（1955-）**
	2007年5月16日～2012年5月15日
24代	**フランソワ・オランド（1954-）**
	2012年5月15日～2017年5月14日
25代	**エマニュエル・マクロン（1977-）**
	2017年5月14日～在任中

ジャン＝マリの三女のマリーヌは「フランス第1」も主張したが、マクロンは対抗するかのように、4月17日のパリ・ベルシーでの大集会で、約1万5000人の支持者を前に、フランスへの「愛の賛歌」を絶叫した。「その歴史、その地理、その哲学、その国語、その文化、その化学・芸術を持つフランスを愛する」「その過去も未来も愛する。かくも美しく、かくも偉大で、かくも気品に溢れたフランスを愛する！」元来、身贔屓《みびいき》が強く、全員が愛国者であるフランス人がマクロン教に宗旨替えしても不思議はなかった。

夜の帳《とばり》の中で、スポットライトを浴びながら仮設舞台に上がったマクロンは、旧王宮だったルーヴル美術館の荘重だが古めかしい建物と、革命200周年を記念して建設された現代建築の傑作、ガラスのピラミッドを背景に、両手を高々と掲げて、叫んだ。「みなさんが今夜、ルーヴル広場で具現化したことは熱意であり、熱狂であり、フランス国民のエネルギーである。諸君が選択したのは大胆さだ。私はこの大胆さを維持していく。白紙委任状を託されたわけではないことも不同意な国民がいることも知っている。彼らを尊重するが、自分が参与したことには今後も忠実でいる。任務が困難であることも知っている。毎回、真実を告げるが、しかし、諸君の熱意、諸君のエネルギー、諸君の勇気が私に常にもたらされるだろう」。そして最後にこう結んだ。「私は諸君に謙虚さと力とで奉仕する。自由、平等、博愛の名にかけて、忠実と信頼と愛とともに奉仕する。フランス万歳！

共和国万歳！」」。12分間の短い演説だったが、2時間以上、ダンスをしたり、国歌を歌ったりして寒い広場でこの「勝利宣言」を待ち望んでいた支持者たちを満足させるには十分だった。

マクロンの支持層は学歴が比較的高く、経済的にも恵まれた層との分析がある。確かにパリなど大都会ではマクロンの決選投票の得票率は90％近かったが、移民や移民2世が多く、低所得者や低学歴層が多いパリの郊外都市でも同様だった。支持者の輪の中で、中年の黒人男性が、「マクロン当選で安心した。これで移民が追い出されずにすむ。嬉しい。フランス共和国万歳！」と叫んだ。

荘厳な演出とともに感動的な第一声を放った新大統領に、メディアは後に、多少の皮肉を込めて、「ジュピター（ローマ神話に登場する天地至高の神）」のあだ名を献上した。

それにしても、3年前まで、一般的にまったく無名だったこの若者の勝利を誰が信じたろう。

2014年8月、フランソワ・オランド前左派政権で内閣改造が実施された時、弱冠36歳の新任の経済・産業・デジタル相に注目が集まった。社会党をはじめとする左派陣営から、猛烈なブーイングが起きたからでもある。議員経験なし、しかも富裕層の象徴のような「ロッシルド（英語読みはロスチャイルド）」の名を冠した商業銀行のNO．2という経歴は、およそ左派政権に似つかわしくない前歴だった。

そもそも、オランドが2012年5月に大統領に就任するや、なぜ、マクロンをエリゼ宮（大統領府）の事務局次長に抜擢したのかも不可解だった。この時は社会党内はもとより、政官界に嫉妬も交えた激震が走った。オランド政権の中枢、大統領の「懐刀」でもある事務局長の補佐役という重職に政官界にまったく無縁、無名の人間が登用されることはほぼ皆無だからだ。

マクロンは1977年12月21日、フランス北西部アミアンで生まれた。両親は医師。《5歳の時から祖母に勉強することを学び、彼女の傍らで長時間、文法、歴史、地理を学んで過ごした。読書もモリエール、ラシーヌ、ジョルジュ・デュアメル、モーリャック、ジオノなど読むだけでなく、朗読した》と自伝『革命』（2016年11月刊行）で振り返り、教師だった祖母の影響が強いことを示唆した。地元の上流階級が通う私立の高校から2年の時、パリの公立の名門進学校、アンリ四世高校に転校。バカロレア（大学入学資格試験）に合格した後、パリ郊外ナンテール大学でドイツの哲学者ヘーゲルに関する論文で学位を取得。さらにエリート校のパリ政治学院で学び、高級官僚養成所の国立行政学院（ENA）に進んだ。フランスの典型的なエリート・コースだ。

もっとも最難関校の高等師範学校（エコール・ノルマル・シュペリウール）の入学試験に

は失敗し、それでナンテール大学に進学した経緯がある。アミアンの高校で出会ったフランス語とラテン語の教師で演劇のクラブ活動の顧問に恋するあまり、受験勉強がおろそかになったからだろうか。アミアンを離れる時、「絶対に貴女と結婚する」と誓った少年は30歳になった2007年に、この初恋の相手、人妻で3児の母だった24歳年上のブリジット・ツログノーと結婚した。ブリジットの実家はアミアンの老舗チョコレート店だ。

24歳の時、ほんの一時だが社会党に入党した。フランソワ・ミッテランのライバルと言われたミシェル・ロカールと出会ったのがきっかけだ。ミッテランが社会党左派ならロカールは右派、むしろ中道といわれた。第1書記オランドの知己を得、2007年の大統領選挙ではオランドの同居人だった社会党の公認候補セゴレーヌ・ロワイヤルの選挙も手伝ったが、目立った存在ではなかった。

2008年には方向転換し、ロッシルド商業銀行に就職し、たちまち頭角を現した。2010年には共同経営者に昇格。同年、スイスの食品大手ネスレ（英語名ネッスル）による米国の製薬大手ピジェル（英語名ファイザー）の関連会社の買収を90億ユーロで成立させ、マクロン自身も高額所得者になった。オランドは、「もしマクロンがあの業界に留まっていたらフランスどころかヨーロッパ1になっていたはずだ」と彼の能力を絶賛している。

閣僚就任の1年後の2015年秋には労組の反対が多い「日曜開店」を、「1年に5回（条件付き）」から「1年に12回（同）」に拡大する通称「マクロン法」を成立させ、日曜日に扉を固く閉ざしたデパートや有名ブティックの前で観光客などが呆然自失する機会を少なくした。

この経済相時代の2015年6月2日、ブリジット・マクロンが初めて公衆の前にお目見えした。全閣僚がフェリペ・スペイン王が主賓のエリゼ宮の晩餐会に出席するため、正面玄関前に敷かれた赤絨毯を踏んで次々に登場する中、最年少のマクロンと腕を組んで颯爽と現れたのが金髪で美脚の美女だった。マクロンは当時、ブリジットとの年齢差を話題にするメディアに対し、「幸福でなければ良い仕事はできない」と述べ、夫婦愛の重要性を指摘し、年齢差は問題外であることを強調した。

何もかもが〝異色〟のマクロンが2016年4月6日に突如、「左右の党派のあらゆる良き意思を結集」し、「左派でも右派でもない政治」を目指す異色の政治グループ「前進！」の結成を発表した時も、政界に激震が走った。メディアの中には、一年後の「大統領選候補」の意思を固めたとみたが、それでも、「オランドという〝恩人〟を裏切った裏切り者の汚名を着るだけ」（右派系新聞記者）が支配的意見だった。「まさか当選する」とは誰も夢にも思わなかった。

ただ、この時点で即刻、1万3000人がマクロンの呼びかけに応えて「前進！」に参集したことから、グループの拡大浸透の予兆がうかがわれ、密かに恐れをなした者もいたはずだ。オランド政権が現職の大臣によって否定された事実に、時代の変革を感じ取った者もいたはずだ。「マクロンはブルータスだ」と主人シーザーに目をかけられ、後継者に目されながらも暗殺に加わったブルータスに例えたアラン・ジュペ元首相は、マクロンの「その後」を予感したのかもしれない。

任期切れを目前に、オランドの支持率は20％前後まで落ち込んでいた。高失業率解消や治安向上などの「公約」が何ひとつ守られず、就任3カ月後には、否定したはずのニコラ・サルコジ前右派政権が実施中だった「緊縮財政」に方向転換。ガス、電気などの公共料金や固定資産税がいつの間にか値上がりし、国民の生活を脅かしていた。

マクロンは、「大統領を弱体化させるつもりはない」と述べ、オランドへの忠誠を誓ったが、社会党内からは「辞任すべし」「裏切り者」の声が日に日に高まった。

一方、世論調査ではマクロンの支持率が急上昇し、社会党の有力大統領候補と目されていたマニュエル・ヴァルス首相（当時）を抜き、閣僚の中では人気NO．1に躍り出た。

バカンス明けの8月末には予測通り、辞任し、11月18日に時間の問題だった出馬表明を行なった。直後に実施された最大野党の右派政党・共和党（LR）と中道右派政党・民主独立連合（ＵＤＩ）の合同予備選では、有力候補のジュペとサルコジ前大統領が落選し、フランソワ・フィヨン元首相が選出された。

ところが、年明けとともにフィヨン陣営にも激震が走った。1月25日に、すっぱ抜きで知られる風刺週刊紙『カナール・アンシェネ』がフィヨン夫人と2人の子供がフィヨンの「議員助手」としてカラ雇用されていたと報道。3月にはフィヨンに対する起訴を前提とした本格的取り調べの開始が決まり、フィヨンの支持率も急低下して事実上、脱落した。

ジュペ派の若手グループ１００人は2月中旬に「マクロン支持」を表明した。マクロンの「公務員12万人削減」「官民の定年制の一本化」「解雇条件の緩和」「反脱ＥＵ」などの公約が「ジュペの中道右派的な考えに近いから」というのが理由だ。

従来は右派支持の若年層にも若いマクロンへの共鳴者が増えた。ジャック・シラク元大統領の孫、マルタン・レイ＝シラクは「前進！」の発足以来のメンバーだ。マルタンはシラクの次女クロードと柔道家のティエリー・レイとの間に生まれたシラクのたった１人の孫だ。

シラク政権時代の閣僚の中にもマクロン支持を表明するものが相次ぎ、シロウト集団「前進！」の手助けをした。

4月21日の第1回投票を目前に、中道右派政党・民主運動（ＭｏＤｅｍ）のフランソワ・バイル議長がマクロン支持を表明した。バイルは大統領選にも過去3回出馬し、一定の支持率を得ているので、出馬した場合、マクロン票が多少、食われると分析されていた。「勝ち馬に乗る」との下心も見え隠れする中、1回投票日を目前に、マクロン支持の雪崩《なだれ》現象はますます勢い付いた。

再選を狙うとみられていたオランドが、2016年12月に出馬断念を表明した結果、社会党は混乱状態だった。1月末の予備選では有力候補のヴァルスを押さえて予想外のブノワ・アモン元国民教育相が選出された結果、アモン派とマクロン派に分裂した。マクロン支持の理由は「ルペンに勝てるのはマクロンだけ」（前パリ市長のベルトラン・ドラノエ）のほかに、アモンが公約に掲げた「ベーシック・インカム（18歳以上の全成人に国が一定額を支給）の導入」や「原発全廃」などが「過激かつ実現不可能」（リヨン市長ジェラール・コロンブ）と判断されたからだ。結局アモンは大統領選の1回投票で約6％の得票率で惨敗、「社会党崩壊」を印象付けた。

従来は社会党を支持してきた実業家のピエール・ベルジェ（2017年9月死去）もマクロン支持を表明した。公私共にイブ・サンローランのパートナーだったベルジェは、モード界やショービジネス界に隠然たる影響力がある。『ルモンド』紙、左派系週刊誌『ヌーベルオプセルヴァトール（Ｏｂｓ）』の共同筆頭株主でもある。編集には口を出さないと言明しているが、影響力がないとは断言できない。

個人資産2億2200万ユーロ（約288億円）の不動産グループの総帥アンリ・エルマン（2016年11月死去）がマクロンを支援しており、選挙資金（個人の寄付の上限は7500ユーロ）は潤沢といわれた。エルマンの死去後、マクロンが密かに遺産を受け取り、スイスの秘密口座に隠したなどの噂も流れた。

マクロンに対しては、ゲイ説（本人が大集会で否定）やLRの広報が「元銀行家の金持ちマクロン」を強調する反ユダヤ主義的な風刺漫画を発表（フィヨンが担当者を譴責して漫画の公表を禁止）するなど、ネガティブ・キャンペーンも展開された。

マクロンはルーヴル美術館前の演説で、「6月の選挙での支持」を強く訴えたが、危惧《きぐ》された国民議会選挙（定数577議席、6月11、18日実施）も予想に反して正式に政党として発足した「共和国前進（LMR）」が過半数を大幅に超える308議席を獲得した。LMRの75%が新人という異例の事態なので、議会運営に一抹の不安はある。

首相にはジュペの側近で仏北部ルアーヴル市の市長兼LR議員のエデュアール・フィリップ、46歳が就任。LRからは他に2人が入閣。社会党からはオランド政権で国防相だったが早くからマクロン支持を表明したジャン＝イブ・ドリアンが国務相（副首相）兼外務・欧州相、ジェラール・コロンが国務相兼内相に就任。環境運動家ニコラ・ユロも国務相兼環境連帯移行相で初入閣した。

　バイルが国務相兼法相で入閣したが、欧州議会議員時代の「カラ雇用疑惑」が浮上して辞任。同様にＭｏＤｅｍ出身の軍事相ら３人も辞任する事態になったが、大物政治家のバイルが抜けたことで、「地固まる」（仏記者）との指摘もある。閣僚は19人、閣外相10人、首相を含めて男女15人ずつの男女平等政府だ。

　マクロンは５月14日、エリゼ宮でオランドとの権限移譲《けんげんいじょう》式を行ない、エリゼ宮の地下にある核爆弾のボタンのコード番号をはじめ国家機密を含む重要任務の引き継ぎを行ない、正式に大統領に就任した。

第1章

エリゼ宮の誕生

権限移譲式

エマニュエル・マクロンは5月14日、エリゼ宮（仏大統領府）の正面玄関前に敷かれた深紅の絨毯《じゅうたん》の上を、内外の多数のメディアのフラッシュとエリゼ宮の職員、そして生中継のテレビ画面を見ている2000万人余の視聴者の視線を浴びながら颯爽《さっそう》と歩み、前任者フランソワ・オランドとの権限移譲式と就任式に臨んだ。玄関前ではオランドが父親のように満足気に目を細めて出迎えた。

2人はすでに5月8日の第二次世界大戦の「戦勝記念日」の式典で、凱旋門下の無名戦士の墓に2人並んで点火するなど顔を合わせていた。オランドが庇護者然とした態度でマクロンの手を取って点火したが、マクロンはちょっと迷惑そうな顔をした。マリーヌ・ルペンをはじめ反対陣営からは、「オランドの〝息子〟」と盛んに揶揄《やゆ》され、オランド政権の負の遺産の継承者扱いをされていたからだ。オランドは大統領選の1回投票は誰に投票したかを明らかにしなかったが、決選投票ではマクロンに投票したことを公表した。「政界に引き入れたのは自分」との思いも強い。

前任者と後任者の関係は常に微妙だが、フランスの権力の象徴、エリゼ宮の住人の場合は特に悲喜こもごも、様々なドラマが展開されてきた。前々任者のニコラ・サルコジはマクロンについて、「まるで自分を見るようだ。自分よりいい」との感想を漏らしたそうだが、ちょうど10年前の2007年5月16日に行なわれたジャック・シラクとの権限移譲と就任式のことを思い出していたかもしれない。シラクとサルコジも親子ほどの年齢の差がある。シラクは当時、74歳。サルコジは52歳、戦後生まれの初の大統領だった。

サルコジはシラクとの権限移譲を終えた後、慣例通り、エリゼ宮最大の「祝祭の間」で、ジャン＝ルイ・ドブレ憲法評議会議長（当時）から公式に大統領選での勝利を宣言され、大統領に正式に就任した。歴代大統領が受章するレジョン・ドヌール勲章の最高位グラン・クロワ章も授与された。マクロンも同様のプログラムだったが、憲法評議会議長はオランド政権時代の外相でミッテラン政権時代に首相も務めたローラン・ファビウスに代わっていた。

サルコジがシラクとの引き継ぎを行なっている間、「祝祭の間」では、就任式に招待された家族や友人、知人らが待機していた。当時のサルコジの妻、セシリアはこの日、プラダの光沢のあるアイボリー色のドレスに身を包み、5人の子供を引き連れてエリゼ宮の正面玄関前に敷かれた赤絨毯を踏んだ。最初の結婚でもうけた娘2人に、サルコジが最初の結婚でもうけた2人の息子、そしてサルコジとセシリアの間の10歳になったばかりの息子のルイだ。フランスではそれぞれが子供を連れて再婚する「再建家族」は珍しくないが、大統領夫妻となると初めてだ。

セシリアは数カ月後にはサルコジと離婚し、ルイを連れて恋の相手を追って米国に移住した。一方、サルコジはその年の年末に出会ったスーパーモデルでミュージシャンのカーラ・ブルニと翌2008年2月に電撃結婚。エリゼ宮で離婚、結婚した初の大統領になった。カーラは英ロック歌手ミック・ジャガーやローラン・ファビウスなど恋の噂が多い左派系文化人と見られていたうえ、未婚の母だ。当時6歳だった息子の父親は仏哲学者のラファエル・アントヴァンだ。フランスでは婚姻外の新生児は2000年代初頭から50％以上おり、珍しくない。アントヴァンはカーラが2011年にサルコジとの間の娘ジュリアを出産した時は花束を持って病院に駆け付けた。エリゼ宮にも出入りし、サルコジ夫婦とも良好な関係だ。

サルコジの父親パル・サルコジはハンガリーの貴族だ。サルコジも正式名は「ニコラ・サルコジ・ド・ナギィボクサ」と長い。父親は第二次世界大戦後、ソ連圏となった祖国から脱出し、フランスで広告業で成功した。医師の娘アンドレと結婚し、フランス国籍も取得したが離婚。サルコジら3人の息子は裕福な母方の祖父と弁護士になったアンドレが育てた。

サルコジがエリゼ宮の就任式の演説で、「フランスを二度も救済したドゴール将軍」「フランスの現代化の準備を進めたジョルジュ・ポンピドーとヴァレリー・ジスカールデスタン」などと、第五共和制の全前任者に言及し、彼らのフランスへの強い思慕と敬愛の情を強調したのは、「フランス初の移民2世の大統領」としての万感の思いが込められていたのかもしれない。

歴史作家でフランス学士院会員のマックス・ガロ(2017年7月18日死去)は2012年の大統領選で応援したサルコジが敗北した時、イタリアの移民二世である自身の思いも反映させて、敗因の底流には一種の「外人嫌い」が流れていると指摘した。つまり、政治の主義主張とは別に、サルコジが「ハンガリーの移民2世で母方の祖父もギリシャ系ユダヤの血が入っているからだ」と。米国なら賞賛されるサクセス・ストーリーが老大国フランスでは野心家、成り上がり者として嫌われるというわけだ。サルコジの場合、セシリアも「自分にフランス人の血が一滴も流れていないことを誇りにする」と豪語するスペイン系の家系だ。カーラもイタリアの富豪の娘だ(結婚後、仏国籍を取得)。

大統領の家族たちもフランスならではの〝個性〟に富んでいる。オランドの同居人ヴァレリ・トリルヴェレールは週刊誌『パリ・マッチ』の記者だ。若いころに結婚し、子供も

2人いるが、就任式の日、エリゼ宮には1人で到着した。居並ぶ同僚カメラマンなどに愛想を振りまきながら得意満面で赤絨毯を踏んだ。2005年ごろに、セゴネール・ロワイヤルからオランドを奪い、〝密かな同居人〟になった。選挙キャンペーンの後半になってから、その存在が知れ渡ったものの、この日、晴れて正式に「大統領の同居人」として、内外に紹介された。

ブリジット・マクロンも3児の母だが、ひとりで赤絨毯を踏んだ。選挙キャンペーン中は孫まで連れて家族全員でマクロンを応援したが、ひとりでやってきたのは、独身のオランドに配慮したからだ、というのが仏メディアの一致した説明だ。ルイ・ヴィトン製の明るいブルーのスーツのミニスカートからは、「フランスで最も美しい脚」(シャネルの主任デザイナー、カール・ラガーフェルド)と絶賛の的の美脚がスラリと伸びていた。

前任者の見送り方にもドラマがある。権限移譲式後、マクロンもひとりで独身のオランドを見送った。この時、オランドの頭を5年前、自分がサルコジを見送った時の苦い光景がよぎったかもしれない。ヴァレリと2人並んで、正面玄関でサルコジとカーラに形式的に挨拶した後、オランドらは前任者夫婦が赤絨毯の端に駐車していた車に乗り込むのを見届けずに、さっさと姿を消した。オランドは「非礼だった」と後に後悔を口にしたが、大統領としての「最初の失点」になった。サルコジが前任者のシラクを車まで見送り、車がエリゼ宮の門を出ていくまで、感慨深げにジッと見守っていた姿とあまりにも対照的だった。

サルコジとシラクの関係は当時、決して良くなかった。シラクは1995年の大統領選で、それこそ息子のように目をかけていたサルコジがエデュアール・バラデュール（当時首相）支持に回ったことを決して許すことができなかった。93年の国民議会選挙でシラク率いる右派政党・共和国連合（RPR、国民運動連合＝UMP、共和党＝LRの前身）が勝利し、ミッテラン左派政権の下で右派の政府という保革共存政権が誕生した時、本来ならシラクが首相になるべきだったが、前回の保革共存政権（86―88年）でミッテランの下で首相を務めて苦労した経験があるため、自派で「30年来の友人」のうえ、閣僚経験のあるバラデュールを送り込んだ。ところが、高支持率に気を良くしたバラデュールがシラクを裏切って大統領選に出馬し、一時は勝利の予測がなされた。

シラクが当選して大統領に就任した結果、サルコジは政界から完全に干され、資格のある弁護士に復職した。2002年にシラクが再選された時、内相に任命されて政界復帰を果たしたのは、治安悪化を背景に実力があり、警察関係者からも支持のあるサルコジに頼らざるをえなかったからだ。シラクはその後もサルコジがUMP党首になることに強硬に反対したほか、2012年の大統領選でも、「オランドに投票する」と言って（後に否定）、右派陣営はもとより、オランド本人を慌てさせた。

シラクは81年、88年の2回の大統領選でミッテランに敗北、三度目の挑戦でエリゼ宮入りを果たし、12年を過ごした。ミッテランの14年に次ぐ長期滞在者だ。首相を2回、パリ市長を18年間も務めた生涯は、政治に一生を捧げた、まさに〝政治の怪物〟といえる。95年の就任直後に日本など海外から非難される中、核実験を再開し、独自核堅持というドゴール主義の大統領登場との強い印象を与えたが、内政面で党派を超えて最も評価が高いのは同年7月16日に、「42年7月16、17日の一斉検挙の日」を国の記念日に制定したことだ。ナチス・ドイツ占領下で起きたユダヤ系住民の一斉検挙はゲシュタポ（ナチス・ドイツの秘密警察）ではなく仏当局によって実施されたことを正式に認め、重苦しい対独協力時代に決定的な終止符を打った。

外交面では2001年の米中枢同時テロの直後、外国の元首として真っ先に米ニューヨークの現場を視察し、米国との「永遠の同盟国」を確認する一方、03年の米国主導のイラク戦には反対した。国連決議抜きという「非合法性」に加え、イラクが大量破壊兵器を所持しているという米国の開戦理由に納得しなかったからだ。欧州問題では05年の欧州憲法の批准が国民投票で否決され、04年の中・東欧10カ国の欧州連合（EU）加盟でドイツに傾いたEUの比重がさらに傾く結果を生み、忸怩《じくじ》たるものがあったはずだ。

シラク時代、日仏関係は日本の国連安保理常任理事国入りへの支持や、50回という訪日回数の多さに大相撲贔屓も加味され、「空前絶後の良好な関係」(日本外交筋)といわれた。日本及びアジアの歴史や美術に対する造詣も深い。大統領退任後に、現役時代は免訴だったパリ市長時代のカラ雇用事件で有罪判決を受け、晩節を汚したが、01年の現役時代に見舞われた「脳の小さな障害」の後遺症による部分的な記憶喪失のおかげで屈辱的な判決の記憶も薄らいだはずだ。サルコジに対する思いも忘却の彼方に消え去ったかもしれない。

シラク時代の国民共通の良き思い出は、98年のサッカーの世界選手権(W杯)でフランスが開催国にして優勝国という快挙だ。シャンゼリゼ大通りがナチス・ドイツからの自由解放以来の150万の人並みで埋まり、三色旗が振られ、ラ・マルセイエーズが絶唱された。退任後10年余を経ても人気が高いのは、テロと高失業率に悩まされる中、曲がりなりにも「大国フランス」を維持してくれた元大統領に対する国民の「ブラボ!」、感謝の意が含まれているからだろう。

マクロン新大統領の誕生で、エリゼ宮に久しぶりにベルナデッド・シラク以来の本格的な「ファースト・レディ」が登場したともいわれている。サルコジ時代は離婚、再婚で夫人不在時期があり、オランド時代もヴァレリが去り、同居人が不在だった。マクロンは選挙キャンペーン中に「ファースト・レディ」の身分を正式に確立し、予算もきちんと計上すべきだと主張したがフランソワ・フィヨンの「カラ雇用事件」をきっかけに、国民議会で家族を秘書や助手として雇用することなどを禁止した「倫理法」が成立。「身分確立」は、反対署名が約25万通（2017年7月現在）も集まった結果、立ち消えになった。

実際問題として、エリゼ宮にはこれまでも、「ファースト・レディ」の執務室が存在し、経費も計上されていた。300室以上あるエリゼ宮は大統領府が3分の2を占めているが、正面玄関から左手の棟の一部は大統領夫妻ら家族用の公邸として使われている。大統領の執務室は大統領府の2階の真ん中にある最も快適な部屋「金の間」が使われているのに対し、「ファースト・レディ」の執務室は公邸に近い1階にある。シダの葉とブルーが主体の室内装飾が施されているので「シダの間」とか「ブルーの間」と呼ばれている。

ベルナデット・シラクは仏中部コレーズ県議会議員を長年務めたほか、「パリの病院、フランスの病院基金」の総裁だ。2005年3月にエリゼ宮でインタビューした時、主要職務として「エリゼ宮の管理人」を挙げた。「エリゼ宮」が「外交の重要舞台」であることを指摘したうえで、「訪問相手の関心や社会的政治的問題に配慮し（歓迎の）計画を立てる。特に晩餐会《ばんさんかい》は最良の時が持てるように注意を払う。警備や庭師、料理人など従業員が良い条件で働けるように配慮する」と「管理人」としての仕事の多様性、重要性を指摘した。執務室を使い、21人の専用職員が働いていた。実質的に「身分確立」はされていた。

　セシリア・サルコジは半年足らずでエリゼ宮を去ったが、エリゼ宮や政府高官の人事に口を出して、その点では「ファースト・レディ」ぶりを発揮し、サルコジの側近には疎まれた。カーラ・ブルニはさすがにモデル業は減らしたものの、「ケルカン・マ・ディ風のうわさ」（2002年発売）が200万を超すベストセラーを記録しただけに、ミュージシャンとしての活動は続行し、エリゼ宮入り後、アルバムを2作発表した。2011年には娘ジュリアを出産したので、私事に忙しく、パリ16区の自分が所有している豪華な屋敷で暮らすことが多かった。

　公務の方は、「エイズ撲滅大使」や2008年4月に国賓としてサルコジと共に英国を訪問した時の「ファースト・レディ」ぶりが印象に残っている。グレーのスーツ姿が、さすが元スーパーモデルだけあってシックでエレガントで好評だったほか、女王陛下に対する膝を曲げて挨拶するレヴェランスも優美に決め、エジンバラ公らとの会話も完璧な英語で周囲をうならせた。公費として年間60万ユーロが計上されたという情報もある（ヌーヴェル・オプセルヴァトール誌）。ヴァレリ・トリルヴェレールは同居人だったので国賓として渡米した時は、「ファースト・ガールフレンド」と紹介された。日本を公式訪問した時は、宮中晩餐会で宮内庁が多少、躊躇《ちゅうちょ》したものの、天皇陛下の隣に堂々と座った。セシリア同様に人事に口を挟み、「執務室」も原稿書きに使って顰蹙《ひんしゅく》を買った。公費として年間40万ユーロが計上されていた(同誌)。

ブリジット・マクロンの「ファースト・レディ」としての仕事初めは、「革命記念日(7月14日)」に招待したドナルド・トランプ米大統領夫妻の「おもてなし」だ。13日午後にトランプ夫妻が到着後、夫たちが首脳会談を行なう間、ブリジットはメラニア・トランプを中世のゴシック建築の典型ノートルダム大寺院に案内した。深紅のツーピース姿のメラニアに対し、ブリジットはミニの白のワンピース。イタリアでの主要国首脳会議(G7)ですでに顔を合わせているので、終始、和やかな雰囲気だった。一方、ブリジットと初対面だったトランプは出迎えたマクロン夫妻と握手しながら、いきなり、ブリジットに、「すごく、スタイルがいいんですね」と述べ、「ビューティフル!」とマクロンに告げたのが、ブリジットの年齢を意識した「セクハラ」と一部で報道された。このシーンはメディアのいないところで展開され、「エリゼ宮」のフェイス・ブックが純然たる褒め言葉としてビデオで流したので、仏メディアは注意を払っていない。「海外の反響」として、「米ニューヨーク・タイムズ」や「英ガーディアン」など、「反トランプ傾向」の強いメディアが報じたと伝えただけだ。それを、日本のメディアが飛びついて報じたのが真相だ。

ブリジットの日課は、毎日、平均約200通、過去最多の手紙に目を通すことなどだ。

一部メディアに、公務として、「教育問題と身体障害者問題」に取り組んでいきたいと漏らしている。職員数は「5人で沢山」と経費節減にも気を遣っている。ただ、「大統領に何か伝えたかったら、顧問を通すよりブリジットに頼む方が早い」とも囁《ささや》かれており、「副大統領」のあだ名を付けたメディアもある。

「ジュピター」か「ガキ大将」か

エマニュエル・マクロンは就任式の後、陸海空の3軍の長として、慣例に従ってエリゼ宮からシャンゼリゼ大通りに出て、凱旋門までエリゼ宮の儀仗《ぎじよう》隊である華やかな騎馬隊150騎に警護されて行進し、無名戦士の墓に点火した。ドゴール将軍を含めて代々の第五共和制の大統領は全員、行進に大統領専用の大型乗用車をオープンカーにして使ったが、マクロンは迷彩色も鮮やかな軍用ジープを使った。戦車の上では仁王立ちになって、全身を露出し、狙撃の危険も顧みない勇者ぶりを見せつけた。シラク大統領時代に、狙撃未遂事件があるので、対テロで緊急事態宣言中のうえ、厳戒態勢を敷いたとはいえ、危険がまったくないとはいえない状況を十分に意識しての行動だったのかもしれない。

マクロンの当初の印象は、笑顔を絶やさない「理想的なお婿さん風」だったが、選挙戦後半から、日本風の表現で言えば、〝タカ派〟に一変した。決選投票直前に実施されたテレビ討論では、マリーヌ・ルペンの「経済大臣閣下」「銀行員」などの「金持ち」を想起させる呼称を繰り返す嫌味や挑発に乗らずに、ルペンのユーロとECU（ユーロ導入前の欧州単一通貨単位）導入の年月日などのミスをビシビシと攻め立てた。国連五常任理事国の一員で核保有国でもあるフランスの国家元首として、トランプ大統領やロシアのウラジーミル・プーチン大統領、さらにドイツのアンゲラ・メルケル首相らの手ごわい相手とやり合っていかなければならないだけに、国民に「頼りになる大統領」の印象を植え付ける必要があったが、案外、マクロンの素顔なのかもしれない。

次いで発表された組閣名簿でも、〝タカ派〟ぶりが発揮された。左右の党派を超えて歴代政府が使っていた「国防相」の名称を、もう少し積極的な意味合いの「軍事相」に、官庁名も「軍事省」に改称した。フランスは米英軍らとともにイラク、シリア内の「イスラム国（IS）」占領地区に対し、空爆を実施中だ。2013年からは旧植民地で軍事協定を交わしているマリ（西アフリカ）北部ガロにも対テロ作戦として1万6000人を派兵中で、戦死者も出ている。確かに一種の「戦時中」ではある。日本なら大騒ぎになるところだが、戦車利用に関しては、からかい半分で取り上げたメディアも、この改名には何の批判もなかった。湾岸戦争開始時に、ミッテラン左派大統領（当時）が、参戦理由として、「フランスの国連常任理事国としての責務とフランスの地位保持のため」と述べ、支持率が就任以来、最高になった国である。日本とは「防衛」「戦争」に関しては異なる哲学があるからだ。マクロンが就任10日目に、欧州以外の最初の外国訪問国として選んだのも、このマリだ。

国家元首や大臣らの派遣部隊訪問は通常、極めて短時間で形式的な内容に終わることが多いが、マクロンはシルヴィー・グラール軍事相（当時、民進党のカラ雇用事件で辞任）やジャンルイ・ルドリアン外相（オランド政権時代の国防相）、ピエール・ドヴィリエール統合参謀総長（当時）を伴って7時間も滞在した。マリのイブラヒム・ブバカール・ケイタ大統領が首都バマコから馳せ参じてマクロンと首脳会談を行なったことで時間が割かれたこともあるが、仏軍を前にした演説も長時間で熱のこもったものだった。

冒頭で、出発前に参謀総長と共に、「フランス全体の友愛的敬意を諸君の負傷した仲間に捧げるために」、負傷兵をパリ市内の病院に見舞ったことを披瀝《ひれき》。さらにマリで19人が戦死し、「4月5日にも27歳のジュリアン・バルベ軍曹が戦死し、未亡人と2人の子供が遺された」と名前を挙げて弔い、「サハラ砂漠でフランスのために命を捧げている」仏軍の任務の重要性を強調した。

マクロンの最初の外国訪問は就任翌日のドイツだ。サルコジ元大統領やオランド前大統領同様にメルケル首相と会談し、欧州連合（EU）の盟主同士として、今後も統合のけん引力となり、尽力することを確認しあった。ただ、エリゼ宮筋によると、マクロンが最初の外国訪問国として熱望したのはマリだった。遠隔の地の砂漠地帯の訪問は、治安的にも懸念材料が多すぎるため、周囲が説得し、やっと10日後に実現した経緯がある。

就任当時、39歳のマクロンは第五共和制下で兵役に従事していない最初の大統領だ。「軍事」へのこだわりは、その一種のコンプレックスの表れだろうか。シラク大統領（当時）は湾岸戦争（1991年）が一種のハイテク戦争だったことから、職業軍人しか現代戦争では役に立たないことを痛感し、96年に徴兵制度を廃止した。その後、成人男女の「1日入隊」が実施されたが、マクロンは男女ともに、「1カ月入隊」を公約として挙げた。徴兵制度廃止で、愛国心の欠如や国歌ラ・マルセイエーズを正確に歌えない若者が増えている実情を嘆いてのことだ。徴兵制度復活には莫大な費用を要するので、公約実施といくかどうか。

マリ訪問では、メディアを選別するという強権ぶりも発揮した。反マクロンの左派系

『リベラシオン』紙など数社が同行取材を拒否され、同行取材を許可されたメディアも含めた大統領府記者会などが、「メディア選別は民主主義のルールや表現の自由に抵触する」と、エリゼ宮に「取材の機会均等」を強硬に要請した。エリゼ宮報道官は同行記者用の空軍機の欠如など「単なる技術的問題」であり、「大統領が好き嫌いでメディアを選別したわけではない」と必死に弁解したが、メディアの不信感を一掃できたかどうか。7月14日の午後1時からの慣例だった生中継の官民合同のラジオ・テレビとのインタビューも中止した。失言を恐れてのことと推測されている。

マクロンがメディアと厳しく一線を引くのは、オランドがお気に入りの記者らと夕食を交えて何度も会見し、オフレコのつもりで喋ったことが本として出版され、オランド支持率失墜の一因になったことも挙げられている。2016年秋に出版された『大統領、それを言ってはおしまいです』(ルモンド紙記者ジェラール・ダヴェとファビリス・オムの共著)は、大統領選への出馬を断念する要因となったとされている。

対テロでも強硬路線を推進中だ。就任直後に2015年1月の「シャルリ・エブド襲撃事件」以来、実施中の「緊急事態宣言」を11月まで延長すると宣言。さらに「緊急事態」の内容を法制化すると表明し、論議を呼んだ。メルケル首相との初の首脳会談でも、対テロが主要議題だった。ロンドンのコンサート・ホールでの自爆テロに関しては、英国と対テロ政策に関して連携を強調。イタリア・シシリア島での主要国首脳会議（G7）でも対テロについてフランスの主導権発揮を試みるなど、ドゴール大統領ばりの「フランスの栄光」をかけて、強い大統領をアピールした。

ただ、マクロンはドゴール将軍ではない。第二次世界大戦中にレジスタンスを率いてナチス・ドイツと戦い、フランスを戦勝国に導き、国連常任理事国の座をもぎ取る一方、アルジェリア戦争（1954—62年）の泥沼からはアルジェリアを独立させるという英断で脱出させ、二度も「救国の士」となったドゴール将軍とは比較すべくもない。

国家元首として初めて迎えたフランス共和国にとっての〝建国記念日〟である革命記念日（7月14日）はマクロンにとって、明暗を分けた日となった。ハイライトの軍事行進に先立って、マクロンは3軍の長としてコンコルド広場の仮設お立ち台で軍事行進を閲兵するためシャンゼリゼ大通りをミニ戦車に乗って凱旋門からコンコルド広場まで行進したが、同乗のドヴィリエール参謀総長とは形式的に握手しただけで、口もきかず、視線も交わさなかった。

前夜、軍事省では国防省時代からの長年の慣例通り、晴れの軍事行進の一部参加者なども出席して、盛大なレセプションが開かれた。制服に身を固めた将兵たちが、家族や関係者、メディアらの招待客とシャンパンを片手に談笑し、お祭り気分が盛り上がっていた。

そこに慣例通り、3軍の長であるマクロンが登場して、マイクを握った。全員が〝タカ派〟のマクロンの口から、どんな祝賀の言葉が発せられるかと期待する中、マクロンは、眉を吊り上げて、こう言い放った。「私が長である。私が国民と軍隊の前で履行すると約束したことは必ず、果たす。私はいかなる圧力もコメントも必要としない」。出席者全員はこの瞬間、この言葉がドヴィリエール参謀総長に対する激しい非難であることを悟って、凍り付いた。

参謀総長は前日の7月12日に、国民議会の国防委員会で、国防予算の「8億5000万ユーロ削減」に抗議した。13日の朝も民放ラジオで、同様な抗議を繰り返した。国防予算は財政赤字削減の一環として、サルコジ政権時代から削減を繰り返し、今回の削減で総額約327億ユーロになった。参謀総長としては、マリやシリア、イラクへの派兵に加え、国内でのテロ対策で出費が重なる中、「削減」は納得できなかった。戦地では、戦車が明らかな装備不備から地雷を踏み、搭乗兵士が戦死した例もある。

一方、マクロンは広場に仮設されたお立ち台では、上機嫌で前日到着したドナルド・トランプ米大統領夫妻と、全閣僚らを従えて陸海空軍による盛大な軍事行進（歩兵3700人、戦車など211両、騎馬隊241人、戦闘機など63機、軍用ヘリ29機）を閲兵《えっぺい》した。冷戦後、超大国になった米国の大統領が僚友の英国より先に訪仏したことは、大統領の個人的資質がどうあろうが、フランスにとっては名誉で慶賀すべき出来事だ。

今年が第一次世界大戦（1914～18年）中の1917年に、米軍が仏英らの同盟国として参戦して100年、というのが招待理由だった。軍事行進には米軍から歩兵150人（うち5人は第一次世界大戦当時の制服）と空軍機8機も参加。マクロン大統領は行進終了後、「両国は決して離反することはない」と述べ、過去一度も交戦したことのない〝永遠の同盟国〟が今後も続くことを強調した。米大統領に先立ち、5月29日にはウラジミール・プーチン露大統領も訪仏した。仏露関係300周年を記念してパリ郊外ヴェルサイユ宮殿で開催した「ピョートル大帝展」の開催式に出席のためだ。

この「『私が長』事件」では、マクロンに対し、「ドゴール将軍でもあるまいし」と非難の渦が巻き起こった。「ドゴール将軍でも、国のために命を捧げてきた定年を一年後に控えた5つ星の将軍に、ああした非礼は働かない」というわけだ。参謀総長は結局、辞任した。メディアの中には、早速、マクロンの子供じみた言動に、「ガマン（ガキ）大統領」の綽名《あだな》を献上したところもある。

7月14日を境に、マクロンの支持率は急降下した。この「『私は長』事件」に加え、「公約」の高失業率解消のための「労働改正法」や国防費以外にも財政赤字削減のための各種補助金の削減が不評を買ったからだ。「労働改正法」では、解雇にともなう補助金の上限が制限されるなど働く側に犠牲を強いる内容だ。財政赤字削減を目指して国庫から支給されていた地方自治体への助成金や学生など定期所得のない者や低所得者用の住宅補助費が一律5ユーロ削減された。フランスの財政赤字はユーロの導入条件である国内総生産の3%以下を超えており、EUから警告されていた。削減は優先事項だ。

就任直後には60%を超えた支持率は各種世論調査の結果、7月下旬で50%台。8月下旬発表の支持率は約40%だ。歴代大統領の支持率低下は通常、就任1年後をめどに開始されるが、「就任100日」でのこの低下現象は、「異例」の事態といえる。マクロンを早々に支持した環境運動家のダニエル・コーン＝ベンディットは、「人は大統領に生まれない。大統領になるのだ」と述べ、シモーヌ・ド・ボーヴォワールの「人は女に生まれない、女になるのだ」の有名な言葉をもじって擁護し、マクロンが任期5年中に、立派な大統領になるとの期待感を披瀝した。マクロンに託した「変化」と「希望」は「悪夢」で終わるのか。それとも「タマゴを割らないとオムレツは作れない」の道理で、一時の困難を凌いだ後に、未来の展望が開けるのか。そして、5年後のマクロンは、「ジュピター」なのか「ガキ大将」なのか。

権力を秘める伝統

パリ8区フォーブール・サントノレ通り55番地。ふつう「パレ・ド・レリゼ（エリゼ宮）」と呼ばれるフランス大統領府の所在地である。しかし、正門前の道幅は狭く、外観も「宮殿」と呼ぶにふさわしい威容ではない。

ちなみにヴェルサイユ宮殿はフランスでは「シャトー（城館）」と呼ばれている。ヴェルサイユは17世紀、ルイ14世の絶対王政の時代に国王が狩猟をするための「城館」として建てられ、政治の中心地ではなかったからだ。

いずれにせよ、アメリカの大統領府「ホワイト・ハウス」の方がエリゼ宮より、よほど、「宮殿」らしいかもしれない。

フランス共和国大統領の地位は特殊だ。日本の天皇は国家と国民統合の「象徴」だが、元首としては明記されていない。また、英国など欧州に多い立憲君主制、あるいは米国のような連邦共和制の国とも異なる。米国大統領も最高権力者だが、議会の権限も強い。フランス大統領は国家元首としての役割も行政権も、時にオルドナンス（政府命令）によっ

エリゼ宮の正門玄関。
ここに赤絨毯が敷かれる

て政府を通して立法権も一手に握る、文字通りの最高権力者だ。米国のように中間選挙もないし、任期も5年（2000年の憲法改正以前は7年）と、4年の米国より長い。

ところが、エリゼ宮の外見からは、とても最高権力者の執務所および公邸には見えない。

道幅100メートルのシャンゼリゼ大通りに比べると、エリゼ宮のあるフォーブール・サントノレ通りの道幅は狭いところで14・8メートル、広いところで20メートルしかない。道幅が一定していないのは、この通りが革命前からあった古い通りのままだからだ。道幅が狭いため、外側からエリゼ宮の写真を撮影しようとしても全景を収めるのは難しい。

ロンドンの英バッキンガム宮殿の儀仗兵は観光名物になっているが、エリゼ宮の儀仗兵を見物する観光客は極めて少ない。第五共和制5人目の大統領ジャック・シラクが就任した1995年5月当時、エリゼ宮配属の儀仗兵は252人と発表された。門衛は2人ずつ交代で務めている。

それゆえ、門衛交代の儀式は新旧4人に隊長1人が加わっても計わずか5人。バッキンガム宮殿の大げさな門衛交代儀式に比べると、わびしいものだ。

エリゼ宮儀仗兵の制服自体は羽飾りとドラゴンの記章付きの軍帽といううけばけばしいものので、名門のサンシール陸軍士官学校のそれによく似ている。サンシールの卒業生である第五共和制の初代大統領シャルル・ドゴール（1890～1970年）はこの制服を「ブラスバンド」と呼んで嫌った。誇り高く、なによりも軽薄さを嫌悪したドゴールが、英国をまねた門衛交代と士官学校もどきの制服を恥じていたことは想像に難くない。

ところが、以上のようにあまりぱっとしない外見、簡素さとは裏腹に、エリゼ宮は王政からフランス革命、ナポレオン1世の帝政、共和制、王政復古などさまざまな変転を経て現在の第五共和制に至るまで、権力中枢の地位を保持し、強固な中央集権国家の象徴として、その主の座を狙う者を魅了し続けている。

燃えさかる野心

エリゼ宮がパリ8区フォーブール・サントノレ通り55番地に建設されたのは、フランス革命（1789〜99年）が起きるはるか以前の1718年である（完成は1722年）。初代の住人兼所有者はエヴリュ伯爵の称号を持つアンリ＝ルイ・ド・ラトゥール・デヴリュだ（「デ」は貴族の称号の「ド」と「エヴリュ」の「エ」が連携しての発音）。したがってエリゼ宮は当初、「エヴリュ館」と呼ばれた。

時はオルレアン公フィリップ2世の摂政時代である。「太陽王」と呼ばれたルイ14世が亡くなり、「ビアン・エメ（最愛の王）」と呼ばれたルイ15世が王位を継承したのは5歳の時だ。幼い王を擁護するため、ルイ13世の孫のオルレアン公が摂政となった。

オルレアン公は当初、ルイ14世にも仕えたが、そのルイ14世もルイ13世が没した時は5歳に満たない幼児だったので、母后のアンヌ・ド・トリシュが摂政となった。このアンヌの寵愛《ちょうあい》を一身に受けたのが、愛人説もあるマザラン枢機卿《すうききょう》（1602〜61年）である。

マザランはフランス各地で5年間も続いたフロンドの乱（1648〜53年、絶対王政に対し、大貴族が農民らと共に反乱）を収め、王朝に安定をもたらし、宰相に昇進した。最後は莫大《ばくだい》な財産を残して死んだが、この財産は正当に築かれたものではない、というのが定説である。

エヴリュ伯爵の母親は、このマザラン枢機卿の姪だった。父親は取りえのない平凡な貴族だったが、伯爵にはこの野心家の枢機卿の血が流れていたのかもしれない。

エヴリュ伯爵は伯爵のほかにもいくつかの爵位を持つ名門だが、三男坊のうえ歩兵隊のしがない大尉で、絶えず手元不如意だった。しかも吝嗇《りんしょく》との評判で、理想の花婿像とは、ほど遠かった。

ただ、特筆すべきことは、「全身、野心の固まり」だった点だ。こう評したのは、サン・シモン（1675〜1755年）だ。サン・シモンは優れた政治家であり軍人だったが、後半は不遇をかこち、隠遁《いんとん》生活の中で『回想録』を含む膨大な記録を残した。

サン・シモンは義理の甥《おい》のカンタン侯爵の結婚式のおりにでもエヴリュ伯爵を観察したのかもしれない。カンタン侯爵が1728年に結婚式を挙げた時、エヴリュ伯爵の館を借りた記録が残っているうえ、サン・シモンがお気に入りの甥の結婚式にはまちがいなく出席したとみられるからだ。

野心家のエヴリュ伯爵は29歳の時、まず、出世の糸口をつかもうと、借金をして騎兵隊の大佐の地位を買った。先行投資をしたわけだ。次いで、金持ちの娘との結婚を決意し、物色していた。そこに登場したのが、メロドラマの筋書きでも、こうはうまくいくまいと思われる程、ぴったりの男、アントワーヌ・クロザだった。

クロザの出自ははっきりしない。確かなのは出身地と、利殖の才にたけていたうえエヴリュ伯爵に劣らず野心家だった点だ。サン・シモンは次のように記述している。

「クロザはラングゾック（フランス南部）の出身である。彼はかの地の聖職者団体の財政管理人の家で非常に下の地位から修行を積んだ。下僕だったという説もある」

かわいい金の延べ棒

名門出身のエヴリュ伯爵と異なり、クロザは絵に描いたような立志伝中の人物だった。

フランス南部の故郷で相当な財産を築いたクロザはパリに出て、すでに財政が逼迫《ひっぱく》していた王家を支援することで、さらに財を築くという典型的な政商として、のし上がった。

フランスのブルボン家出身のスペイン王位継承に反対した英国、オランダ、オーストリアが反仏同盟を組んだスペイン継承戦争（１７０１〜14年）で、クロザはルイ14世を財政的に支援した報酬として候爵の称号を授けられた。名誉ある聖霊騎士団の財務官にも任じられ、さらに同騎士団の青綬（青色のリボンのついた勲章）を授与された。今ならフランスの最高栄誉章レジョン・ドヌール勲章（１８０２年、ナポレオン・ボナパルトが制定）の受章は間違いなしだ。

立志伝の最後の仕上げが、娘を自分のような成金ではなく、然るべき称号をもつ本物の貴族に嫁がせ、名実ともに貴族階級の仲間入りを果たすことだった。

金づるが欲しいエヴリュ伯爵と身分を求めたクロザの思惑は完全に一致した。両家の結婚式は１７０９年ごろとされる。花婿のエヴリュ伯爵は32歳、クロザの娘で花嫁のアンヌ＝マリはまだ12歳の少女だった。

アンヌ＝マリはこれまた、メロドラマの定石通り、父親の出身階級の卑しさからも商人としての貧欲さからも程遠い、優雅な美少女だった。母親のクロザ夫人は夫とは異なり、女親として娘と20歳も年上の伯爵との結婚話に反対だったらしいが、アンヌ＝マリ自身がどう思ったかは、誰も知らない。誰ひとり、彼女に意見を求める者はいなかったし、彼女自身も意見を述べなかったからだ。

アンヌ＝マリの持参金は150万リーブルという巨額のものだった。エヴリュ伯爵の母親のブイヨン公爵夫人にも5万リーブルが贈られた。

「かわいい金の延べ棒」とパリっ子があだ名をつけたアンヌ＝マリと、吝嗇《りんしょく》野心家エヴリュ伯爵の結婚式は、ルイ14世の栄光をたたえてつくられたパリ1区のバンドーム広場に面したアンヌ＝マリの父親、クロザの館で行なわれた。金に飽かしたこの館は、当時、パリで最もぜいたくな館との評判だった。

式の後、花婿と花嫁を乗せた馬車はエヴリュ館ではなく、セーヌ川を渡って花婿の母親が住むブイヨン家の館に到着した。

20歳も年長の花婿エヴリュ伯爵は館の前で、12歳の花嫁の手を取って馬車から降ろし、表玄関の階段を上り、そして室内に案内すると、さっさと退出し、待たせてあった馬車で去っていった。

以後11年間、2人は一度も会わなかった。再会したのは1720年12月、エヴリュ館、つまり現在のエリゼ宮のお披露目パーティーの席上だった。

極楽浄土の大通り

エリゼ宮が建設されたころのパリは、その前からすでに、「世界で最も大きく、最も人口の多い首都」になりつつあった。重商主義で政治に経済観念を導き入れ、王家の財政改革を断行し、実質的な宰相も務めたジャン・バプティスト・コルベール（1619〜1683年）の努力が実ったからだ。コルベールは仏北部ランスの商家に生まれたせいか、フランス人には珍しく経済に精通していた。宰相マザラン枢機卿に見いだされて、財務卿だったフーケの横領罪を摘発し、ルイ14世の知遇を得て財政改革を敢行。その功によって財政総監に任命され、外貨獲得や国内産業の復興を図った。

ルイ14世は宰相・マザラン枢機卿の死後、親政を断行し絶対王政を確立した。ただ、王の財務総監だったコルベールは、王が側近ともども首都パリを留守にし、ヴェルサイユの城館に入り浸っていることに頭を痛めていた。

王は子供のころ、フロンドの乱で蜂起《ほうき》した民衆がパリのルーヴル宮殿に乱入した時、夜陰に紛れて母后と脱出した暗い思い出があり、パリ嫌いになったといわれる。しかし、首都と王の居城が離れていればそれだけ経費がかさむため、コルベールは王のこの習慣を軽視できなかった。あるいは王と首都との乖離《かいり》にかすかな不吉、つまり革命の予感を感じ取っていたのかもしれない。王とともに貴族たちも競ってヴェルサイユに居を移していた。コルベールは、王がヴェルサイユに魅せられていた最大の理由が、城館の前の見通しが開けた大通りにあることも知っていた。それで、王の歓心を得るために、「ヴェルサイユに負けない見晴らしの良いパリ」の建設を決意した。

まず、当時、王の居城で政庁のあったテュイルリー宮殿の周辺にセーヌ川に沿った大通りを建設するため、1667年に同宮殿の庭園やフランス庭園の典型であるヴェルサイユの庭園の設計者である名造園家、アンドレ・ルノートルに大通りの設計を命じた。

テュイルリー宮殿周辺はアンリ4世（1553～1610年、ブルボン王朝の祖）時代にはまだ野原と沼沢地帯だった。しかし1616年に同宮殿の住人だったアンリ4世の妃マリ・ド・メディシスが、宮殿を拠点に現在のアルマ広場までセーヌ川と平行に走る大通り「クール・ラ・レーヌ（女王の中庭）」を建設した。ルノートルは、この大通りをさらに延長してマロニエや楡《にれ》、科《しな》の木を植樹することに決めた。こうして1670年、新たに大通り「グラン・クール」が誕生した。この大通りこそ、現在のシャンゼリゼ大通りの起源だ。周辺には王のパリ定住を見越した貴族や、すばらしい散歩道の出現を歓迎した人々が居《きょ》を構えるようになり、馬車の散歩道としてにぎわった。

「CHAMPS-ELYSEES」（エリゼ＝ギリシャ・ローマ神話の楽園の名前で極楽浄土の意味）と呼ばれるようになったのは1709年だ。

シャンゼリゼ大通りは1771年には現在のエトワール広場まで延長され、1800年にはさらにその後方のヌイイまで延長された。ナポレオン・ボナパルトの命によって建設された凱旋門が完成したのはナポレオン失脚後の1836年である。シャンゼリゼ大通りは東のコンコルド広場から凱旋門を経て西に延び、1989年の革命200周年に完成した新凱旋《がいせん》門までは全長6380メートルある。

シラクはパリ市長時代（1977〜1995年）に、シャンゼリゼ大通りの歩道と歩道の中間にあった旧馬車道で駐車場になっていた部分を整理して歩道を拡大し、地下に約8000台収容の大駐車場を建設した。1994年に完成した時には、「世界一の美しい大通り」と自慢したものだ。

エリゼ宮の初代の女主人がすぐそばに華やかな「極楽浄土」の大通りがあるにもかかわらず幸せな生活を送れなかったのは、皮肉というほかはない。

金と名誉の争奪戦

ところで、いつの世にも目先の利く土地成金はいるものだ。この出来たての大通りに目をつけた人物がいた。王家の建物管理人で建築家のアルマン＝クロード・モレだ。彼は名造園家で、ヴェルサイユ宮殿庭園を設計したアンドレ・ルノートルの義理の甥《おい》だ。孫との説もある。モレは大通りの発展を見越し、１６７０年代にはまだ沼地だった周辺の土地をただ同然の価格で購入した。

このモレと同様に荒稼ぎをした男がいた。スコットランド出身のジョン・ロー（１６７１〜１７２９年）だ。ローはのちに、フランスの経済史上、「オペラシオンの失敗」（１７２０年）と呼ばれる有名な大破産事件の張本人として歴史に名を残すことになるが、一方でフランス人が最も苦手とする金融の概念をフランスに持ち込んだ人物でもある。ローはフランスにおける一般銀行設立の許可（１７１５年）を得て「ジェネラル・バンク」を創設し、紙幣を発行し、フランスの植民地だったアメリカのルイジアナなどへの投資会社「ミシシッピ会社」を設立（１７１７年）、フランス人に投資を促した。

新しもの好きのパリっ子がこの紙幣と外国への投資に飛びついたので、ローはたちまち財産を築いた。このローの知人のひとりが、エヴリュ伯爵に娘を嫁がせたクロザだ。

クロザがローに、エヴリュ伯爵が管理職を務める王室狩猟所近くに館を建設するための土地を探している、と耳打ちしたのは1718年だ。土地と引き換えに爵位を譲る考えのあることも伝えた。そして、土地探しに着手したローに、シャンゼリゼ大通りと平行に走る裏側のフォーブール・サントノレの土地を提案したのがモレである。土地は爵位と引き換えにエヴリュ伯爵に譲られた。

モレはただ同然の土地をローに高額で売って大儲けをすると同時にエヴリュ伯爵とも新しい館の設計を請け負う契約を結んだ。もっとも生来の吝嗇《りんしょく》家の伯爵は、入手した土地に館をすぐ、建てるつもりはなかった。

ところが、建築せざるを得ない事態が発生した。エヴリュ伯爵が摂政オルレアン公に狩猟所の管理職資格購入の許可を懇願した時、公はかねがね、結婚以来、妻を放置して顧みないこの男を嫌っていたので、「免許は与えるが、条件がある。それは新居が建った時に免許の許可書を夫人に渡すことだ」と宣言した。エヴリュ伯爵の土地購入資金が妻の持参金から出ていることを知っていたからだ。

【エリゼ宮周辺の地図】

凱旋門
エリゼ宮
シャンゼリゼ大通り
マドレーヌ寺院
コンコルド広場
グラン・パレ
トロカデロ公園
セーヌ川
テュイルリー庭園
オルセー美術館
エッフェル塔
アンヴァリッド廃兵院

寂しい最長記録

「エヴリュ館」、のちの「エリゼ宮」が完成したのは1722年だ。当時の書物によると、門のポーチの4本の円柱は優美軽快、柱頭は曲線状の渦形が特徴のイオニア式、正面玄関の円柱は雄大、簡素なドーリア式と、贅《ぜい》を凝らしている。

ところが、工事が完了した時、外観にあまりにも金をかけすぎたので工事途中で予算が足りなくなった。エヴリュ伯爵は元来、吝嗇家なので、訪問客の手前、1階と自分が使用する2階の左側の棟のいくつかの部屋に家具を入れただけで、ほかの部屋には家具を入れずに、空き家同然の状態で放置した。それでも1階の大広間には豪勢なシャンデリアがつられた。そして1720年末には、オルレアン公らを招待して盛大なお披露目パーティーを開いた。

新館の女主人であるべきエヴリュ伯爵夫人アンヌ＝マリはこの時、23歳になっていた。20歳年長の夫に会うのは11年ぶりという、異常な再会である。館に入るのはむろん、初めてだ。アンヌ＝マリにとっては金持ちの娘ゆえの強いられた結婚ではあったが、かつての美少女はブルボン王朝の宰相マザラン枢機卿の姪である姑の教育もあり、教養のある立派な淑女に成長していた。

心配になった伯爵の愛人のドレスディグイエール公爵夫人は伯爵のそばを一時も離れず、自分がこの新館の「女主人」であることを誇示した。しかし、そんな必要はなかった。エヴリュ伯爵はパーティーが終わると正妻を正面玄関まで送り届け、母親の館に戻るように宣言した。

この時、アンヌ＝マリはこの新装の館に自分が決して住むことがないことを悟った。姑の館に戻ると「別居」を申し出た。当時、離婚は禁止されており、結婚の契約が署名されると、未来永劫《えいごう》に解消できなかった。

しかし、「別居」は2人の証人の前で互いに相手に「爪弾きの儀式」をすれば即刻、決まったので頻繁に行なわれていた。ただし、この場合、妻の持参金は返却しなければならない。持参金制度の廃止は1783年だ。

おりしも、アンヌ＝マリの父親の政商クロザはルイ14世の時代に「違法な利益を得た」とされ、莫大《ばくだい》な罰金を科せられていた。アンヌ＝マリの別居の決意には現金が必要だった父親の意向も含まれていたのかもしれない。

一方、エヴリュ伯爵の方は当時、40倍に跳ね上がったミシシッピ金山の株を持っており、それを売って妻の持参金を返却した。株はその後、急落。伯爵はうまい時期に売り抜いたことになる。

自由の身となったアンヌ＝マリはバンドーム広場の実家に戻り、学問に励み、父親不明の子供を2人、ひそかに産んだ。そして1729年、このエリゼ宮で暮らすことのなかった「女主人」は、34歳の若さで亡くなった。エリゼ宮の初代主人であるエヴリュ伯爵は、放蕩《ほうとう》の果てに年齢より早く老け込みながらも1753年、78歳で死亡した。

エリゼ宮の主人としての最近の在住記録はミッテラン大統領の2期14年だが、エヴリュ伯爵がこの館で暮らした年月は30年以上に及び、最長在住記録である。

漂う香水のかおり

「エヴリュ伯爵」の称号を、現在保持するのはミシェル・ドルレアン公爵である。世が世ならフランス王である正統王位継承者、故パリ伯爵の次男だ。

フランスは革命で国王をギロチン台に送ったにもかかわらず、パリ伯爵が1999年6月に死去した時は、報道機関はいっせいにこの正統王位継承者の死をトップで伝えた。当時の大統領のジャック・シラクも声明を発表して弔意《ちょうい》を述べた。

パリ伯爵の死後、現エヴリュ伯爵とは双子の兄弟である長男のジャック・ドルレアン公爵が父親のパリ伯爵を継承したが、この長男は父親と父親の愛人だった家政婦モニック・フリーズへの憎悪を隠さなかった。父親は死ぬまでの20数年、パリ近郊のチェリスイ城に愛人と住み、伯爵夫人や子供たちには「フランス王」としての記念式典を主宰する日などを除いては、ほとんど連絡がなかった。

父親の死をラジオの至急報で知った家族はチェリスイ城に駆けつけたが、城は家具や美術品、調度品などがほとんど消えうせ、空き家同然の状態になっていた。

しかも、仏東部ストラスブールに住む一家の知らない公証人が、「パリ伯爵夫人には用益権があるが、子供にはない」と述べ、子供には事実上、何ひとつ、相続権がないと宣言した。パリ伯爵には美術品などを含む当時の換算で約400億円相当の遺産があったはずだが、それがどこに消えたかも判然としなかった。

娘の1人が生前、「父上は私たちに何を残されるのか」と聞いたら、「憎悪」と答えたという。

そういえば、啓蒙《けいもう》思想家のジャン＝ジャック・ルソー（1712～78年）も、あらゆる点で自分とは何の共通点もない家政婦と結婚した。ルソーは教養ある12歳年上のヴェランス夫人の庇護《ひご》の下で青年時代を送り、多大な影響を受けた夫人を敬愛していただけに、この結婚は意外に思われた。

ルソーがこの結婚によって啓蒙思想家として、社会的偏見や不平等への批判を身をもって実践し、範を垂れたわけでもなさそうだ。古今東西を問わず、家政婦としての心遣いや忍耐を、愛情と間違える男性が案外、多いのかもしれない。

高級商店街のルーツ

フォーブール・サントノレ通りにあるエリゼ宮の建設から約60年後の1781年、すなわち、フランス革命直前に出版されたルイ＝セバスチャン・メルシェ（1740～1814年）の『18世紀のパリ生活誌』には次のような記述がある。

「フォーブール・サントノレのたった1軒の家のほうが、(もっとも貧しく、もっとも不穏で、もっとも手にあまるパリの下層民が住む)フォーブール・サンマルセル、またはサンマルソー通りの住人全部をまとめたよりも、多額の金を持っている」

メルシェが壮年期の1771年から革命勃発《ぼっぱつ》の1789年までに長期間かけて仕上げたこの全12刊の大著は、革命前のアンシャン・レジーム(旧体制)から革命直前の黎明期《れいめいき》のフランスの事象を生き証人として、つぶさに観察して報告した18世紀の総決算書といえる。

ただ、フランスでメルシェの評価が進んだのは第二次世界大戦後だ。メルシェとほぼ同時代のヴィクトル・ユゴーやオノレ・ド・バルザック、シャルル・ボードレールら文学者の盛名《せいめい》に比較すると、メルシェの名は不当なほど一般的には知られていなかった。20世紀前半まで、フランスでは日本同様に、文学や哲学書の位置が高く、メルシェのような社会科学的なノンフィクションの書物が軽視されていたことにもよる。

「フォーブール」という言葉は元来、城壁の外、つまり町はずれを意味するが、メルシェの記述から、フォーブール・サントノレは革命前からすでに、金持ちの住む街区として知られていたことがうかがえる。

フランス王シャルル9世は1563年、イタリア・フィレンツェの大財閥出身の母后摂政カトリーヌ・ド・メディシスが建造したテュイルリー宮殿を擁護するために、パリの周囲に城壁を築くように命じた。この時、宮殿に隣接するフォーブール・サントノレは壁の内側に入ることが決まった。

この指令こそ、この界隈《かいわい》が富裕層の地区に格付けされた重要なきっかけだ。欧州は中世、カトリックの力が強かった。1576年にはカトリーヌ・ド・メディシスが母国イタリアからわざわざ呼び寄せたカプチン会(フランシスコ会から独立)の修道士たちがこの通りに住みついたことも格付けを決定的にした。

1810年にはまた、この地域に産業振興を奨励して創設された「総製造業評議会」が設置されたことがきっかけで、「ボー・カルチエ(立派な地域)」との呼び名も与えられ、富裕層の地区としての格付けを確認した。

この地域は現在、エルメス、サンローラン、ランバンなど高級ブランド店が軒を連ねる高級ショッピング街として日本人をはじめ世界中の観光客に知られている。エリゼ宮のほぼ前には老舗の画廊があるが、シャルパンチエ画廊を名乗っていた1935年と翌36年の2回、兵庫県出身の画廊店主、福中卯之助が同画廊で「日本画展」を開催し、「当時の新進画家による『美人・日本風景・花鳥の他、鯉・犬・猫』などを展示した」(孫の福中亨)。「初めのうちはなかなか売れずに困ったそうですが、ある日、大統領がたまたま訪れて1点買い上げて下さり、それから評判になって、会期を日延べまでしたそうです」(同)。この大統領は1932年から39年まで務めたアルベール・ルブランとみられる。遺族によると、作品は表装されて額に入れて洋間に飾れるようになっていた。

展覧会のポスターでは、主宰は「日仏知的接近協会」となっており、日独伊防共協定同盟(1937年)が締結される第二次大戦前には、日仏交流が活発に行なわれていたことがうかがえる。

ところで、パリの道路に名前が付けられ、住所表示が出現したのは1728年だ。国立劇場コメディー・フランセーズの近辺には「ラシーヌ通り」や「モリエール通り」が誕生した。最初はブリキ板を使って表示されたが、フランス革命直前に建物の石壁そのものに刻みこまれるようになった。

番地も制定されたが、貴族の家に平民より後の番号を付けるのはおかしいといった理由で徐々に番地が付けられなくなり、革命直前に中止された。

現在では原則として、セーヌ川を基点に1番地から順次、左側が奇数、右側に偶数の番地が付けられている。

王の娼婦の家

「王の娼婦《しょうふ》の家」――。ポンパドール侯爵夫人が2代目の住人となってから、大衆はエリゼ宮をこう呼んで、さげすんだ。日本ではルイ15世（1710〜74年）がこの地域の発展のために愛人を住まわせたという解説があるが、前述したように、この地域はすでに「金持ち」の地域として評価されていた。

フランスでは不動産を取得すると現在でも公証人のところで公式書類を作成するが、女性の場合、現在でも相変わらず、旧姓から父母の名前はもとより離婚、別居に関係なく、夫の名前も明記する規定になっている。

ポンパドール侯爵夫人の場合も、同様の手続きが取られた。この時、公証人ムランの下で作成された書類には、こう明記されている。「購入者。旧姓ジャンヌ＝アントワネット・ポワソン、ル・ノルマン・デティオール氏の別居中の妻、ポンパドール侯爵夫人」。

購入価格は当時の通貨で50万リーブルと記されているが、70万リーブルとの説もある。現在の日本円には単純に換算できないが、当時の貴族の平均年俸が10万リーブルだったというから、相当な金額だ。

この書類によって、1721年12月20日生まれの夫人がエリゼ宮を購入したのは1753年、32歳の時だったこともわかる。

夫人は当時、「国王の愛人」からすでに「友人」という地位に変わっていたというのが歴史家の一致した見方だ。夫人は寂しさを紛らわすと同時に、以前より自由になった立場を利用して、後半の人生を不動産あさりに没頭して過ごした、というのが事実だろう。

悪名高き夫人の実像

ポンパドール侯爵夫人が買いあさった城館は、パリ近隣のドゥ・シャン城やラ・セルサンクル城、サントウエン城、ベルヴュ城、そしてヴェルサイユやフォンテンブローにあるエルミタージュ（別荘、庵）などだ。ラ・セルサンクル城は現在、フランス外務省の所有となり、カンボジアやコソボの和平会議などが開かれ、国際会議場として使用されている。

　こうしたパリ郊外の城の購入の末に、「パリに家を持つ必要がある」として購入したのが、エヴリュ館だった。フォーブール・サントノレ通りを選んだ理由としては、国王の愛人になる前に出産した一人娘アレクサンドリーヌが寄宿していた修道院が近くにあったからと指摘されている。夫人はこの娘を溺愛《できあい》していた。

　国民から「ビアン・エメ（最愛の王）」とあだ名されたルイ15世（在位1715～74年）は、少年時代は「美しく利発で勇敢」との評判で、将来を大いに見込まれた。しかし、2歳で両親を天然痘で失い、5歳で王位につき、摂政の下で成人した環境のせいか、絶えず、「巨大な退屈」に悩まされ、何かに満足するということが少なかった。性生活に関しても同様だったといわれる。国王の性生活に関しては、「書物にすれば数巻が必要になるだろう。それほど情事の数は多かった」と記されている。その情事の相手としてポンパドール侯爵夫人の存在が秀でているのは、その美貌もさることながら、才気でも国王を常に「巨大な退屈」から救っていたからかもしれない。

　夫人は絶えず、手を替え品を替えて国王を慰めようと努力した。ヴェルサイユの城館はもとより、パリ郊外に点在するいくつかの離宮で芝居や歌劇を上演するなど、さまざまな工夫を凝らした。

ポンパドール侯爵夫人に関する書籍の表紙にあしらわれた肖像画

彼女の肖像画に「ディアーヌ（月の女神）に扮したポンパドール侯爵夫人」とか「羊飼いの娘に扮したポンパドール侯爵夫人」などの画題が付けられているのは、彼女自身がこれらの役を実際に演じて国王を慰めたからだ。

女の天国、男の煉獄《れんごく》

もっともパリっ子は夫人に対し、反感と憎悪をしだいに募らせていった。

次のような戯《たわむ》れ歌がはやった。

大貴族は堕落し、徴税官は金持ちになり、
あらゆる魚＝（ポワソン）と夫人の旧姓（ポワソン）を掛けている＝は広い住処《すみか》に移る
……
これがろくでなしの規則、
財政は普請《ふしん》や買い物で逼迫《ひっぱく》し、国家はデカダンスに、
王様は何もしない、何も、何も、何も。

夫人がパリ郊外に城館を買いあさったのは、パリから離れ、パリジャンの攻撃から身を守るためと買い集めた膨大な美術品の置き場が必要だったとの説もある。しかし、城館の買いあさりが激しくなればなるほど、悪意に満ちた戯れ歌も激しくなった。

しかも攻撃の対象は夫人だけに止まらず、国王にも向けられ、イラストなども添えられるようになった。後世に残されたイラストの中には、傑作《けっさく》も多い。国王が夫人によって鎖につながれ、外国勢にむち打たれているなど、当時のフランスの外交力の衰えを風刺する作品はその典型だ。

また、国民のルイ王朝に対する不満がこの時期、すでにかなり高まっており、革命の足音が忍び足で近づいていたこともうかがえる。

1750年5月23日にはフォーブール・サントノレで賃上げ要求を拒否された2人の労働者が雇い主に殴りかかるという事件が発生した。当時、労働者が身分のずっと上の雇い主に暴力を振るうというのは前代未聞の事件だった。1734年のパリ市の人口は約90万だったが、ホームレスの数は1万5000人に達していた。

王政崩壊の兆しはいたるところに見られた。ルイ14世時代にフランスの繁栄を確立したコルベールが打ち立てた税制は間接税が主体だったが、これも、すでに限界に達していた。ルイ14世時代の繁栄はルイ15世時代には暗転し、フランスも参戦した1740年代のオーストリア王位継承戦争によって財政はさらに疲弊した。再建が急務になっていた。1749年には財務総監マシューの下で、「税制国家」の下地ともいうべき「20分の1」税が創設された。一種の所得税の創設で、階級を問わずに全身分に差別なく税が課せられた。

ところが、この「20分の1税」は、特権階級から激しい抵抗にあった。それで、特権階級中の特権階級ともいうべきカトリックの僧族は免除されたのだが、この特例は一般国民には実質的な増税にほかならなかった。不平等感と不満が広がり、絶対王政への反感をいっそう募らせた。王の愛人、ポンパドール侯爵夫人への反感にはこんな時代背景も含まれていた。

フランス国民はミッテランに隠し子がいても不問に付したように、愛人の存在には寛大だ。しかし、愛人の存在が公務や公金にかかわってくると容赦しない。

ミッテランに対しては、隠し子とその母親がエッフェル塔に近いブランリー河岸にあるエリゼ宮の別館、つまり国有財産のアパートに住んでいた、という非難や、隠し子が小学生時代に、通学に護衛官を付けたなどの非難はあった。

しかし、別館は無人にしておこうが、別邸として使用しようが、大統領の判断にまかせられることになっている。結局、公的に非難するには根拠が薄かった。当時、大統領が末期がんで死期が迫っていたこともあり、国民も政敵も黙認した。

しかし、ルイ15世とポンパドール侯爵夫人の場合、国民の反感はおさまらなかった。

侯爵夫人が憎悪されたもう1つの理由は、平民の出身であったこともある。破格の出世をした者に対し、嫉妬《しっと》が激しい憎悪に変わる例は古今東西を問わず、よくある例だ。

侯爵夫人の父親、フランソワ・ポワソンは仏南部プロヴァンス地方出身の馬取扱人だった。なかなかの才覚があり、糧秣《りょうまつ》調達役に取り入ってまず、軍隊の糧秣支給係になった。さらに首都への食糧供給にも携わり、首都パリに出ることに成功した。

危ない橋も渡った。架空の売買をしたとして裁判所から有罪判決を受け、ドイツに逃亡した時期もある。しかし、侯爵夫人の実父は、この立志伝中の人物ではなく、彼がドイツ逃亡中に一家の面倒を見た総括徴税請負人シャルル＝ル＝ノルマン＝ドトゥルネームとの説が有力だ。

夫人の母親が、30代で男やもめになったフランソワ・ポワソンと結婚した時は19歳だった。「パリで最も美しい女性の1人」に数えられたほどの美貌だった。2女、1男の母となるが、結婚前からドトゥルネームの愛人だったというわさもある。少なくとも長女のポンパドール侯爵夫人はこの小貴族との間に儲けた子供との説が強い。

次女は幼くして病死し、長男は後に侯爵夫人になった姉の引き立てによってマリニー侯爵になった。エリゼ宮の横にあるマリニー大通りは、この弟にちなんだ命名だ。弟が住んだ館は現在、エリゼ宮の別館「マリニー館」になり、迎賓館としても使われている。1994年に天皇皇后両陛下が国賓として訪仏された時にも宿舎として使われた。

貴族階級になった美女

当時、貴族は娘を結婚の日まで修道院に預ける風習があったので、上流のブルジョア階級もこれをまねた。

「母親に負けず劣らず美しい」と評判だったポンパドール侯爵夫人に貴族階級の娘のような教育や行儀を身につけさせようと修道院に預けることを勧めたのは、一家の保護者でもあった、このシャルル＝ル＝ドトゥルネームだった。

このことも、ドトゥルネームが夫人の実父説の有力な根拠になっている。おかげで彼女は後に貴族のサロンに出入りしたり、国王の愛人になった時も、それにふさわしい十分な教養があった。ドトゥルネームはまた、彼女を貴族の称号を持つ甥と結婚させ、財産を相続させた。

この甥は結婚と同時に伯父からパリ近郊エティオールの土地の相続権も受け継いだ。それで貴族の称号の「ド」を付け、「エティオールの領主」という意味で、「デティオール」と名乗った。これで彼女もめでたく貴族階級の仲間入りをした。

もっとも、この称号はヴェルサイユの城に出入りするほど上等ではなかった。ルイ15世は彼女のヴェルサイユ入りにあたり、空席になっていたポンパドール侯爵領と称号を買い与えた。この領地からはまずまずの収益があり、彼女は身分と同時に財産も手に入れた。

一方、夫デティオールの方は妻が国王のもとに走ったので、はた目にも落胆ぶりがひどかった。自殺の恐れもあったので、武器を取り上げられたほどだ。

夫人の弟マリニーは姉の美しさについて、「どんな肖像画も本当の美しさを描いていない」と断言した。最も雰囲気を表しているとされるジャンマルク・ナティエの1748年制作の肖像画を見ると、細面の輪郭《りんかく》にどこか夢見がちの大きなブルーの瞳は、権勢を誇った国王の愛人というよりも、永遠の少女といったおもむきだ。前髪をあげて額を出し、全体にふくらみをもたせて後頭部でまとめた髪形は「ポンパドール」と呼ばれるようになる。

性格も悪くなかったようだ。啓蒙《けいもう》思想家ヴォルテール（1694〜1778年）はデティオール夫人時代からの知人だが、「彼女は育ちが良く、聡明《そうめい》で、愛らしく、優雅さと才知にあふれ、生まれながらにして良識と善良な心を備えていた」と絶賛した。

もっともヴォルテールは当時、彼女から年金をもらっていたので、その分、割り引く必要があるかもしれない。ヴォルテールは小説家のクレビヨン（1707〜77年）も自分と同様に年金をもらっていることを知ると嫉妬《しっと》して、詩の中でポンパドール侯爵夫人を「この幸福なグリゼット（蓮っ葉女）」などとそしった。

ルイ15世の王妃マリー・レクザンスカも、国王のほかの愛人たちと比較して、彼女の謙虚な態度や王妃を尊敬する態度には好感を持ったようで、「どうせなら、あの人のほうがましだ」とつぶやいたといわれる。

一方で、「あらゆる手段を講じて国王への接近を試みた」という野心家ぶりを示す指摘も多い。

彼女を狡智《こうち》にたけた女性としてこう述べたのは、ルイ13世時代に宰相をつとめたリシュリュー枢機卿の甥《おい》の息子で、ルイ15世時代の宮廷貴族の代表だったリシュリュー侯爵だ。

ところで彼女に国王の愛人になるという野望が芽生えたのはいったい、いつだろう。9歳の時に「ある日、ルイ15世の寵姫《ちようき》になる」という予言を行なった占い女に、予言が実現した後、年金を支給したという話もある。

彼女とルイ15世との正式な出会いは1745年2月25日、ヴェルサイユの城館で開かれた皇太子とスペイン王女の成婚記念仮装舞踏会だったとの説が有力だ。舞踏会の数日後、再び成婚を祝する舞踏会がパリ市庁舎で行なわれた。国王はドミノ（ずきん付きの黒い法衣）の仮装衣装をまとい、同じ衣装の友人の貴族とともに彼女と落ち合い、「そのまま彼女は2人についてヴェルサイユに行った」との証言もある。一方、ルイ15世の方は「衣服を身につけるやポンパドール夫人の部屋に行き、ミサの時間がくるまでそこに止まり、ミサがすむと、彼女と昼食を取り、それから大臣を迎える夕方まで彼女と過ごす」という日が続いた。

謝肉祭の最終月曜日には私室で夕食、ヴェルサイユの「小楯の間」での舞踏会、パリのオペラ座、午前7時にヴェルサイユに戻り、午後5時まで眠り、王女たちの催す舞踏会に出席し、水曜日の朝は聖杯をうけに行き、あとはまた午後7時まで寝る……。

こうした状況がヴェルサイユでもフォンテーヌブローの城でも繰り広げられた。健康に恵まれたルイ15世は、舞踏会に出ない日は何時間も狩りをし、馬に乗って駆け回り、臣下の者をへとへとにさせた。

病弱だったポンパドール侯爵夫人も、いつも疲労困憊《こんぱい》だったといわれる。しかも国王は次々に新しい女性に興味を持ち続けた。彼女はある日、国王の心臓を指し、「私の欲しいのはこれ」と言った。人の心だけはどんなに知恵を絞っても縛っておくことができないことを悟った彼女が、エリゼ宮などの不動産道楽に走っても不思議はない。

国王がフランドル軍に加わって出発し、ブリュッセルを占領した1746年に彼女はまず、パリ郊外のクレシー・クーヴェ城を購入した。翌年は城の改造や室内装飾に多額の金と時間をかけて過ごした。

寵姫は才人を好んだ

パリ市中に購入したエヴリュ館、後のエリゼ宮の場合も多数の芸術家たちが内部の装飾手入れを担当した。家具もぜいたくなものを入れ、壁を豪華なゴブラン織りで飾ったので、改装費は巨額に上った。彼女はここに国王を迎えるつもりだったらしいが、国王が訪問した記録はない。ルイ15世は自分の財布を痛めるのは嫌ったが、国庫から支払われる場合は無頓着だった。彼女の年金は年々増額されたので、大衆が憎悪の対象にしたのは当然だ。

彼女はルイ15世に自分が使う金銭はねだらなかったが、後世に伝わる文化・教育施設用の金はねだっている。フランスの名産セーブル焼きの磁器工場や陸軍士官学校（エコール・ミリテール）、サンシール陸軍士官学校の創設基金などだ。芸術、文化を援護するメセナの支出も多かった。

百科事典の編纂《へんさん》で知られるディドロ（1713〜1784年）は「寵姫《ちょうき》は才人を好んだ。自分自身が才女であることを鼻にかけることなく。彼女の化粧台にはダイヤモンドの装身具やおしろい用のパフなどとともに、物語類や偶詠《ぐうえい》の類がみられ、彼女はそういうものをすばらしいと思っていた」と一定の評価をしている。

しかし女性として幸福だったのか、どうか。

一人娘を溺愛し、5歳半の時には乳母から引き取ってヴェルサイユに連れて行き、6歳になると貴族や富裕階級の娘だけが通学する聖母被昇天（アソンプシオン）修道院にあずけた。自分は平民出身だっただけに、娘の教育には熱心になったのだろう。

その愛娘アレクサンドリーヌは1754年6月15日に激しいけいれんの後に死んだ。毒殺の疑いもあり解剖されたが、どうやら腹膜炎で死んだらしい。娘の死の10日後には父親も水腫で死去した。そして彼女自身も1764年4月15日、肺炎のためにヴェルサイユで息を引き取った。42歳だった。日本に限らず、「ポンパドール侯爵夫人」は、権力に魅せられ、そして権力者の地位を利用して権力を振るう女性の代名詞として使われている。が、実際はこの移り気で多数の愛人と交流があった国王を最後まで愛していた忠実な女性だったとの見方もある。

1757年に書かれた夫人の遺言書の第1項には、「国王にこの邸宅（エリゼ宮）を遺贈する」とある。もっとも国王の方は、さすがに寵姫の贈り物を私有財産に加えるのにはとまどいがあり、侯爵夫人が購入した価格を上回る75万リーブルで買い取り、パリ滞在の外交官用宿舎にした。しかし、エヴリュ館には1人の外国大使も迎えないまま1773年10月2日に銀行家のボージョンに購入価格より高い金額で売った。

ボージョンは午前4時に起床し、午前9時まで働き、残り時間は稼いだ金を使って過ごしたといわれる変わった人物だった。そして1786年、エヴリュ館をルイ16世に売却した。

第2章

各部屋に遺る歴史の面影

――革命から帝政へ

雄鶏館の管理人

エリゼ宮の裏門は「雄鶏《おんどり》（コック）の鉄格子の門」と呼ばれている。鉄扉の上には金箔《きんぱく》の雄鶏の彫刻と「フランス共和国」のイニシャルの「ＲＦ」が輝く。

「雄鶏」は古代、ケルト系先住民族ガリア人とこの地を征服したローマ人とが混血して生まれたガロ・ローマ人の時代から、フランス人の記章だった。フランス国家の記章は王政時代のユリの花から共和制の青、白、赤の三色旗に替わったが、この「雄鶏」は王政、共和制、帝政を生きながらえ、現在に至る。オリンピックやサッカーのワールド・カップ（Ｗ杯）でも、雄鶏記章が三色旗とともにフランス選手のユニホームを飾っている。

フランス人の起源はガリア人だが、雄鶏もラテン語で「ガリア人」をさす「ガリュス」と同音異義語である。ドイツの鷲やイングランドのレオパール（ライオン）など隣国の覇《は》者然《しゃぜん》とした記章とは対照的だ。ところが、このしがない雄鶏も、ばかにしたものではない。

シーザー（紀元前１００年ごろ～紀元前44年）の『ガリア戦記』に、こうある。

雄鶏が上に見える裏門。
ここからナポレオンは出ていった
（2007年7月14日撮影）

《ガリアの戦士がまるで雄鶏がひなを守るがごとくに血気にあふれ、激高して戦う》と。第一次世界大戦、第二次世界大戦と2度続けてドイツに実質的に敗北しながら、最後に勝利を獲得したフランス人の性格に例えられもする。一見、軟弱そうだが侮《あなど》れない実力と勇気がある、という価値観は、フランス的洒脱《しゃだつ》にも通じそうだ。

フランス人に小型車愛好者が多いのも、同じ価値観からきているのかもしれない。燃費が安いのに出足がよく、スピードも出るのがフランス小型車の真骨頂《しんこっちょう》=粋《いき》。外見がパッとしない「エリゼ宮」も雄鶏や小型車と同様に、フランス人の価値観にかなう建物なのだ。

内部は、しかし、外見に比較すると実にぜいたくだ。不動産業者ふうにいえば「床面積1万1179平方メートル、高級家具付きの豪華な館」である。「パルク(庭園)」と呼ばれる広大な庭は裏側に当たるシャンゼリゼ大通り近くまで広がり、第五共和制初の社会党の大統領フランソワ・ミッテランは庭でゴルフを楽しんだ。カモが泳ぐ池もある。

シラクが第五共和制5人目の大統領に就任した1995年5月17日の新旧大統領の権限移譲式の際、末期がんで余命いくばくもないミッテランがシラクに「よろしく」と後を託したものの中にはカモたちも含まれていて、シラクをホロッとさせたといわれる。

シラクは就任式で「希望の管理人になったような気がする」と演説したが、確かに新大統領が旧大統領から引き継いだものの中には、地下の核爆弾ボタン装置が収容されている部屋の鍵を含め、エリゼ宮の大小328の全部屋の鍵があった。この全鍵の引き継ぎは代々の大統領の権限移譲の重要な部分を占めている。

この日、シラクは文字通り、エリゼ宮の「管理総責任者」になったわけだ。

隠し子事件

エリゼ宮の部屋数が328なら、置き時計の数は380（1995年現在）にのぼる。時計をはじめ、贅《ぜい》を凝らした家具は「国立家具保管庁」が調達したものだ。日本には存在しない「国立家具保管庁」というこの役所は、エリゼ宮をはじめ官庁などの家具調度の管理を一切、担当している。

エリゼ宮の住人は自分の好きな家具調度品を選んで飾ることができる。ただし、秘書はもとより守衛の事務机に至るまで、ステンレス製などの現代家具を使用することは許されない。

ミッテラン大統領時代の84年当時、エリゼ宮は3150の家具、242の絵画、64の彫刻で装飾されていた。家具は、いわゆるナポレオン3世時代（在位1852～70年）の「第二帝政時代のスタイル」が支配的だった。

大統領公邸はエリゼ宮の正門をくぐると左側の棟にある。ミッテラン時代には室内装飾はフィリップ・スターク、照明はアンリ・アルカンと超一流の室内装飾家が手がけた豪華な住まいだったが、ミッテラン自身は公邸に腰を据えていたわけではない。

91年1月の湾岸戦争勃発《ぼっぱつ》前、ミッテランはセーヌ左岸のカルティエ・ラタンに近い自宅から通勤していたが、戦争中という非常事態をきっかけに有事に備えてエリゼ宮に住むようになり、自宅に帰るのは日曜日のみだった。

もっともミッテランは「隠し子」の存在がスッパ抜かれた94年秋以降は、おおっぴらに「隠し子」のマザリーヌとその母親でオルセー美術館のキューレーター、アン・パンジョウを住まわせていたエッフェル塔に近いブランリー河岸通りにある大統領府の別館に宿泊することが多くなった。

フランスではまた国家が大統領の残務整理用のアパートを提供してくれる。ミッテランも任期終了後はアンバリッド（廃兵院《はいへいいん》）に近いパリ7区のアパートに移住し、隠し子母娘

【エリゼ宮の間取り図】

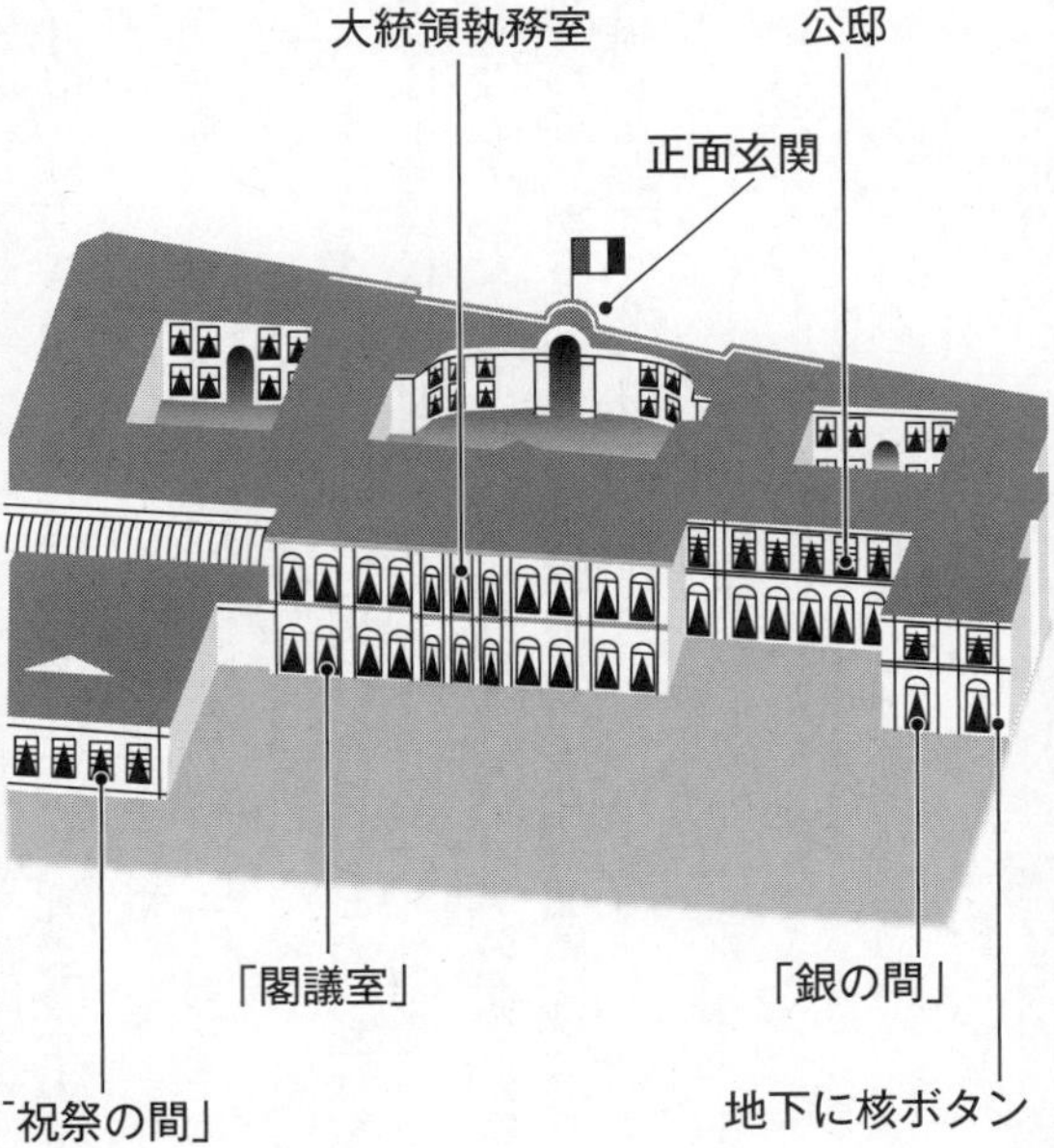

と暮らすことが多かった。クリスマスは隠し子たちと、大晦日はダニエル夫人と2人の息子や側近、友人たちと中仏の別荘で、というのが決まりだった。死去したのはアンバリッドに近いアパートの方だった。

シラクが前任者の訃報を発表したのは96年1月8日午前11時、エリゼ宮での報道陣との賀詞《がし》交換会の冒頭だった。

「今朝、フランソワ・ミッテラン大統領が私たちに別れを告げました。私は今、お別れに行ってきました。この会は1週間後に延期します」

携帯電話が現在ほど普及していなかった当時、内外主要メディアの記者や特派員ら約500人は、会場の「祝祭の間」からいっせいに飛び出し、本社や支局に戻って、かねてから用意していた「前大統領死去」の第一報を送った。

ポンパドールの間

エリゼ宮の1階には、今も、2代目の住人ポンパドール侯爵夫人の思い出を遺《のこ》す「ポンパドールの間」がある。金箔《きんぱく》の装飾をほどこした付け柱やアルコーヴ（寝台を置くためのくぼみ）は当時のままで、夫人の贅《ぜい》を凝らした生活ぶりがしのばれる。ベルナデット・シラクが大統領夫人時代にインタビューの後にエリゼ宮内を隈なく案内してくれたことがあるが、「ポンパドールの間」を飾るブルーと金地を主体にしたひじ掛けいすや長椅子にはどれも豪華な金縁がほどこされ、いすの脚部はルイ15世式と呼ばれるカーブを描いた優雅な形をしていた。

壁のタペストリーも17世紀に当時の名産地だった仏北部アミアンで製作された逸品だ。絨毯《じゅうたん》もルイ15世時代に製作された凝ったゴブラン織り。栄華を極めたルイ王朝のさんざめきが聞こえてくるようだった（2005年当時）。

第五共和制初代大統領としてエリゼ宮の住人だったドゴール将軍がエリゼ宮を嫌った理由の1つは、「ポンパドールが住んだところなんて」というルイ15世の愛人だったポンパドール侯爵夫人に対する嫌悪の気持ちがあったからだとされる。加えて、質実剛健を旨とする軍人としても、「ポンパドールの間」に代表されるように、エリゼ宮が「あまりにもブルジョア的な住まい」（歴史作家マックス・ガロ）だったこともあげられている。ドゴールは、エリゼ宮の歴史的意味として「ナポレオン1世の退位とその甥《おい》（3世）の（大統領から皇帝への）クーデタ以外には大した事件を記録していない」と述べたとも伝えられる。

「ポンパドールの間」は、基本的には大統領への謁見《えつけん》に使われるが、例外的に少人数の夕食会に使われることもある。1989年12月の欧州共同体（EC）＝欧州連合（EU）の前身＝首脳会議の際の夕食会もこの部屋で行なわれた。

11月9日にベルリンの壁崩壊という歴史的大事件があり、各国首脳の大半は急遽《きゆうきよ》11月中にEC首脳会議を開くべきだとの考えだった。しかし、議長国フランスの大統領ミッテランが「壁崩壊は日程を変更するほど重大ではない」と反対したため、予定通りに12月に開かれた。

会議では重苦しい雰囲気が漂い、夕食会でも当時12カ国だった加盟国首脳全員が黙々と料理を口に運んだ。部屋がきらびやかなだけに、沈黙が際立ったはずだ。

ミッテランは当時の西独のコール首相とともに、欧州統合の2頭立て馬車の牽引役《けんいんやく》を自任し、コールとは個人的にも党派を超えて固い友情で結ばれていた。

ポンパドールの間
(エリゼ宮の資料から)

しかし、第一次世界大戦、第二次世界大戦の記憶が残る世代に属するだけに、ミッテランには「仇敵《きゆうてき》ドイツ」に対する警戒感が本能的にあった。第二次世界大戦中には戦闘地で捕虜となり、3度目の脱走に成功してレジスタンスに身を投じた経歴を持つ。

ミッテランが壁崩壊直後に急ぎ、キエフに飛び、当時のソ連のゴルバチョフ大統領と会談したのは「ドイツへの脅威」が根強いからだ。この仏ソ会談はドイツの不快と不信を生み、ミッテラン外交の最大の汚点とされている。

「金の間」の大統領

エリゼ宮の中で、最も豪華な部屋は「金の間」といえよう。ポンパドール侯爵夫人が私的なサロンとして使用していた部屋だ。

ポンパドール嫌いだったドゴールは、この「金の間」を執務室として使った。

軍人のドゴールは、軍人的潔癖さから、公私混同を嫌い、エリゼ宮には私物をいっさい、持ち込まなかったといわれる。エリゼ宮も兵舎の一種と考え、いったんことあれば、即刻、移動できる態勢であるべきだ、と考えていたのかもしれない。

そのドゴールがこの豪華な「金の間」を執務室として使ったのは、2階の中央に位置し、陽光が降り注ぐ明るい部屋だったからといわれる。白内障を患っていたドゴールにとって明るい部屋は執務室の第一条件だったはずだ。

1981年5月、第五共和制初の社会党出身の大統領に就任したミッテランが「金の間」を執務室に決めた時、フランスのメディアは「執念の復讐《ふくしゅう》」などと書き立てた。ミッテランは、ドゴールが制定した大統領に強大な権限を与えた第五共和制憲法を「永遠のクーデタ」と批判してやまなかった。1965年の大統領選ではドゴールに挑戦して敗れるなど、ドゴールの「政敵」を自負していた。

ミッテランはさすがに、ドゴールが使用していた執務机《しつむづくえ》など家具類は使わず、国立家具保管庁に返却したが、後任のシラクが引き継ぎのためにこの部屋に入った時、室内は執務机をはじめドゴール時代と寸分、違わない状態になっており、シラクを感激させた。当時ドゴールの正統継承者を自任するシラクへの、ミッテランの祝いの意味がこめられていたからだ。

シラクの在任中、執務机の傍らには、ドゴールが1969年4月の上院の改革の是非を問う国民投票に敗れて引退した直後、イボンヌ夫人とともに、アイルランドを訪問した時の写真が飾られていた。シラクはしかし、2005年に欧州憲法批准の是非を問う国民投票で批准が否認された時に辞任しなかった。サルコジもこの部屋を執務室に決め、ドゴールが1945年6月18日に英ロンドンのBBCスタジオからレジスタンスを呼びかけた時の写真を飾っている。

ドゴールは電話が嫌いだったが、シラクは電話魔で、執務机の近くには米国大統領とロシア大統領との直通電話のほかに、日本を含む主要国首脳との直通電話も置かれていた。1999年10月からは北京との直通電話も開設された。

ミッテラン時代にエリゼ宮の事務局次長を務め、保革共存政権時代（1993〜95年、97〜2002年）に予算相や財務相を歴任したクリスチャン・ソテールは、エリゼ宮時代を振り返り、「まるで電話の交換手になったようだった」と述べたことがある。

エリゼ宮への電話がいかに多いかを物語る逸話《いつわ》だ。もっとも携帯電話が普及後、サルコジが首脳会談の間でも、携帯電話を放さず、耳に当てている姿も報道され、大統領としての品格に欠けると批判される要因になった。

権力の喜劇

「金の間」がある2階に通じる階段は「名誉の階段」とか「ミュラの階段」と呼ばれている。ナポレオン・ボナパルト（1769〜1821年）の義弟の軍人ジョアキム・ミュラ（1767〜1815年）がエリゼ宮の住人になった1806年に建造されたからだ。

ミュラはナポレオンの副官から身を起こし、ナポレオンのイタリアやエジプト遠征に従い、功があった。ナポレオンが帝政への道の第1歩となる執政政治を樹立するために起こした1799年のブリュメールのクーデタでも真っ先にはせ参じた。

クーデタの翌年にはナポレオンの妹カロリーヌと結婚し、義弟になった。その4年後には元帥に昇進。ナポレオンの戦歴の中でも名高い1805年の「アウステルリッツの戦い」(オーストリア・ロシア連合軍に大勝)などで貢献し、1808年から14年までナポリ王となった。

一方、フランス皇帝となって覇をとなえたかにみえたナポレオン自身の武運もすでに尽き、1814年にはエルバ島に流された。帰還して帝政を復活させるが、ワーテルローの戦い(1815年)で大敗。百日天下に終わった。ミュラも最後は敵の捕虜となり、処刑された。

エリゼ宮では原則として毎水曜日午前11時から閣議が開かれる。第五共和制第2代目大統領のポンピドー時代(1969~1974年)から玄関右手の奥の部屋が使われているが、この部屋が「ミュラの間」である。長方形の部屋の形にふさわしい楕円形の大テーブルが置かれている。閣議では大統領と首相が向かいあって座り、それを取り囲んで閣僚が座る。席順は儀典法にのっとって、厳格に規定されている。閣議の前に、大統領と首相が必ず2人だけで重要議題などについて打ち合わせするのも伝統だ。

この部屋を「権力の喜劇が演じられる特設舞台」と評したのはジスカールデスタン大統領時代（1974～81年）に女性の地位閣外相と文化相を歴任したジャーナリストの故フランソワーズ・ジルーだ。ジルーはフランスの代表的週刊誌『レクスプレス』の共同創設者だ。「権力の喜劇」でメディアや国民を喜ばせたのは、大統領と首相が党派を異にする保革共存政権時代だ。第1次保革共存（1986～88年）はシラクが党首だった保守政党・共和国連合（RPR。国民運動連合＝UMP、共和党＝LRの前身）が86年の総選挙で勝利し、社会党のミッテラン大統領の下に保守のシラク首相が誕生した時だ。

この2人が丁々発止《ちょうちょうはっし》のやり取りを展開し、嫌みや当てこすりに満ちた応酬が繰り返されたが、老練なミッテランに分があることが多かったと伝えられる。93年に2度目の保革共存政権が誕生した時、シラクはこの嫌な役割を避けるために「30年来の友」のバラデュールを首相に送り込んだ。その結果、この友人にものの見事に裏切られ、95年の大統領選を争うはめになったのは、前述したとおりだ。

名誉の階段

個性光る大統領夫人

エリゼ宮の初代の住人、エヴリュ伯爵の夫人アンヌ＝マリは、不実な夫が自分の持参金を使って建てたこの館で一夜も過ごすことなく、34歳の若さで亡くなった。ルイ15世の愛人、2代目住人のポンパドール侯爵夫人の生涯も女性として幸福とはいいがたい。

現代のエリゼ宮の住人、第五共和制の大統領夫人たちはどうか。

初代のドゴール大統領の夫人のイボンヌは「タント・イボンヌ（イボンヌ伯母さん）」と呼ばれ国民に親しまれた。ドゴールは個人としては厳粛《げんしゆく》なカトリック教徒で、生涯、愛人の噂もなかった。正妻はイボンヌ夫人で愛人は「マリアンヌ（フランス共和国を象徴する女性）」、つまり、「フランス」といわれた。確かに、ドゴールが、熱烈な愛国の情を込めて、女性名詞のフランスを「彼女（フランス）」と呼ぶ時、「フランス」は肉体を備えた魅力ある女性のように聞こえた。このマリアンヌの胸像は、フランス全国の県庁などに飾られている。モデルはその時代の代表的な女優——ブリジッド・バルドーやカトリーヌ・ドヌーブらが務めている。

夫婦仲は極めて睦まじかった。ドゴールはアルジェリアを独立させたことで、反アルジェリア独立派の極右軍人らから31回も暗殺未遂の対象になったが、中でも1962年のプチ・クラマール事件では九死に一生を得た。主犯のジャンマリ・バスティアンティリ中佐が軍法会議で恩赦《おんしゃ》にならず、死刑の判決を受けたのは、襲撃された車に愛妻が同乗していたため、ドゴールが恩赦に同意しなかったからだと伝えられる。自分ひとりが狙われたなら、許せるが、政治とは無関係の一般市民の夫人が暗殺の対象になることは絶対に許せなかった。

夫妻には1男2女がいるが、次女のアンヌはダウン症だった。彼女はドゴールが一時政界を引退していた失意の時代に20歳で亡くなった。ドゴールはこの時、自分を彼女の横に埋葬するように遺言状を書いた。この遺言状はその後、書き換えられることはなかった。夫人も今では娘と夫の横に眠っている。夫妻が家庭人として順調だったとは言い難い。ドゴールがレジスタンスを訴えて、ロンドンに亡命中は家族も一緒だった。ドゴールはヴィシー政府による欠席裁判で死刑の判決を受けたので、フランスにのこった母親が死亡した時、葬儀はひっそりと行なわれたが、墓はフランス全国から密かに送られた花束で埋まった。

現代絵画などに造詣が深く、「エリゼ宮を現代美術館に変えた」との批判もあったポンピドー大統領夫人のクロードは、夫が白血病で1974年に任期半ばで急死した後も現代美術を愛し続け、2007年7月3日に94歳で生涯を閉じた。エリゼ宮の住人だったころにはシャガールやニキ・ド・サン・ファールをエリゼ宮に招待している。ポンピドーは高等師範学校出の秀才で、文学（フランス、ラテン、ギリシャ）の教授資格試験には1番で合格した。彼女は優秀な「教授」と結婚したつもりだったのに、大統領夫人になったが故にスキャンダルにも巻き込まれている。

ドゴール政権末期の1968年10月に発生したマルコビッチ事件だ。アラン・ドロンの元ガードマンのマルコビッチが死体で発見されたのが事件の発端である。「秘密パーティー」で撮影した写真をもとに仲間を脅迫したため、仲間に処刑された、というのが当初の報道だった。ところが、この写真の中にポンピドー夫妻、特に夫人の姿があったという噂がパリ中に流れるに及び、事件は一気に政治問題化した。

当時、五月革命を収拾したポンピドーは7月に首相を辞任し、次期大統領選の有力候補として野心満々だった。このため、ドゴールの意思とはまったく関係なく、ドゴール派を称するヤクザや下級警官がポンピドーを陥れるために工作した事件だったことが後に判明した。水着姿が週刊誌に掲載されるなど、イボンヌに比較すると派手な存在だったクロードが格好のねらい目になった。

NO．1とNO．2の関係が多くの場合、宿敵に変わるように、確かにドゴールとポンピドーは当時、良好な関係とはいいがたかった。ポンピドーはドゴールが自由解放後に樹立した第四共和制の首相時代に首相府の官房に取り立てられたのが政界入りしたきっかけだ。ドゴール退陣後は国営時代のロッシルド銀行入りし、政治とは一度縁が切れていたが、ドゴールが1958年に復帰後の62年に呼び戻されて首相に任命された。

五月革命の時は雇用問題担当閣外相だったシラクらを率いて陣頭指揮《じんとうしき》に当たったが、ゼネストに突入するという戦後最大の政治危機にもかかわらず、ドゴールには詳細な状況がまったく伝わらない状況になっていたという証言がある。こうしたポンピドーの老いた恩人を無視した態度に〝制裁〟を加えようとしたのが、マルコビッチ事件だった。

しかし、ドゴールは事件が自分の意思とはまったく無関係であることを示すために、翌69年3月にイボンヌ夫人とともにポンピドー夫妻をパリ近郊コロンベイ・ド・ドゥ・ゼグリーズにある自宅の夕食に招待し、関係が良好であることを強調した。

ジスカールデスタン大統領夫人のアンヌ＝エイモンヌはルイ15世の子孫だ。

1974年春の大統領選で当選した夫とともに彼女がエリゼ宮入りした時、先祖の国王の愛人、ポンパドール侯爵夫人が暮らした場所だけに、国民は「2世紀ぶりの復讐《ふくしゅう》」などとはやし立てた。彼女は国家元首の妻としての役割を懸命にこなした。ただ、「この寄せ集めの材料で建てられた館は住むためではなく、レセプション用に建てられている」と述べ、エリゼ宮は住居としては失格と断言した。主婦として、エリゼ宮の不便さを痛感したようだ。ジスカールデスタンはエリゼ宮に朝帰りしたこともあり、妻として幸福だったかどうか——。

ミッテラン大統領夫人のダニエル（2011年11月死去）は、人道運動の闘士であり、人道団体「ダニエル・ミッテラン基金」を創立した。ミッテランより社会主義者との評判だ。ダニエルは夫に隠し子がいることが公になった時、執拗《しつよう》に意見を求めるメディアにこう言った。「私とフランソワの問題です。あなたたちには関係ないはずです」

一方のミッテランは大統領に就任直後、主要メディアの記者たちとの朝食会で「隠し子がいるそうですね」と聞かれ、「エ・アロー（それで）？」と聞き返し、記者らを沈黙させた逸話は有名だ。ミッテラン夫妻は名せりふでは、見事に一致していた。

シラク大統領夫人のベルナデットは、県会議員を長年務めた政治家であり、硬貨を寄付して病人など弱者を支援する慈善事業を主宰する「パリの病院・フランスの病院基金」総裁だ。

ベルナデットが将来の夫に出会ったのは1950年に入学したエリート校のパリ政治学院だ。シラクが「勉強会に入りませんか」と声をかけ、交際が始まった。

ベルナデットの旧姓は「ド」が付く貴族階級の出身だ。叔父はドゴール将軍の側近だった。将軍が1940年にロンドンから呼びかけたレジスタンスに参加するためロンドンに駆けつけ、副官として仕えた。この叔父の影響もあり、「フランスが本当におのれ自身であるのは、それが本当に第一級の地位を占めている時だけ」という将軍の言葉を愛するゴーリスト（ドゴール主義者）だ。シラクよりゴーリストとの指摘もある。

シラクが再選を目指した2002年の大統領選の前年にフランス人記者との長時間会見をまとめた『私はただあるがままに』（邦訳・扶桑社）はフランスでは約40万部のベストセラーになった。この中ではハンサムで魅力的な夫が女性にもてすぎる悩みや長女ローランスが医師の免許を取得するほど優秀だったが、拒食症の後遺症から立ち直れない様子などを打ち明けている。長女は2016年4月14日に58歳で亡くなり、シラクはひっそりと行なわれた家族葬に車椅子で出席した。

サルコジの夫人、セシリアには「家出事件」がある。2005年の欧州憲法批准の是非を巡る国民投票の選挙戦の真っ最中に「男性とニューヨークに行ってしまった」のだ。男性は前年、サルコジが国民運動連合（UMP）党首に選出された時の米国式の派手な党大会を演出した広告会社の社長だ。

次期大統領を狙い、国民投票の「賛成」を訴えて奮戦中だったサルコジはこの時、国営テレビ『フランス2』で、「数百万の家庭で起きていることが起きた」と告白したが、心痛で激痩《や》せした。セシリアと男性のツーショットが週刊誌『パリ・マッチ』の表紙を飾り、編集長の解任事件も発生した。

スペイン人の母親とはスペイン語で会話をしていたというセシリアには情熱的なスペイン人の血が流れているのだろうか。パリ大学法学部を中退して上院議員の秘書や、一時は178センチの長身と美貌を生かしてモデルをしていたが、テレビの人気司会者に一目惚れされて結婚。しかも、パリ郊外の高級住宅地ヌーイ・シュル・セーヌの市庁舎での式典の際、市長のサルコジがまた一目惚れして略奪婚した逸話でも知られる。

大統領選の決選投票を棄権したほか、大統領夫人としての初の主要国首脳会議（ドイツ・ハイリゲンダム・サミット）では、首脳夫人を対象にした議長国ドイツのメルケル首相の夫主催の昼食会を欠席し、夏のバカンス中のブッシュ米大統領（当時）の「非公式昼食会」をスッポかしたりと話題には事欠かなかった。

大統領夫人としては、ブルガリア人看護師らが子供たちにエイズを感染させたとして、リビアで死刑の判決を受けた時に、現地でリビアの最高指導者カダフィ大佐と直談判して、解放に一役買ったのが、唯一の功績だ。

当時からサルコジが失脚するとすれば、それは「セシリア」が原因といわれた。

初代の正妻がこの館に住まなかった後遺症が、歴代の大統領夫人に影を落としているのかもしれない。

パーティーは語る

エリゼ宮への招待客は通常、共和国儀仗兵が不動の姿勢で立ち番をしている正門から入る。門の脇には「名誉の守衛所」があり、守衛が訪問者の身分証明書や招待状の有無などのチェックを行なう。ここを通過すると中庭がある。エリゼ宮の最重要式典の大統領の権限移譲式をはじめ、公式レセプションや首脳級の会談が行なわれる時は正面玄関に向かって赤絨毯《じゆうたん》が敷かれる。

革命記念日の7月14日には儀仗兵のブラスバンド隊が演奏する中、ガーデンパーティー(2008年以来、経費節減のため中止)に招待されたフランスの政経官の代表や各国大使、マスコミ代表などがこの絨毯の上を進む。主役はこの日の午前、シャンゼリゼ大通りで軍事行進に参加した制服姿の陸海空の軍人たちだ。

ジャック・シラクが大統領に就任した1995年には、パリ郊外の移民地区などからの代表を含む若者も多数招待された。庭園から館内まで各地方ごとに設《しつら》えられた屋台は、まさに3度目の挑戦で大統領に就任したシラクの歓喜を象徴するような大盤振る舞いだった。フォアグラ、カモのコンフィ（カモなどの肉をその脂に漬けて保存したもの）、牛肉の名産地シャロレの骨付きアバラ肉、各種デザートなどの御馳走《ごちそう》は、「ガルガンチュア」（16世紀の作家、ラブレーの作中の巨人で大食漢）の異名を取る大食漢の大統領にふさわしい祝宴だった。

以後、毎年、招待客が増え続けたため、正門と裏門の二手に分かれて入る場合が多くなった。95年に大相撲一行が相撲ファンのシラクに招待されてエリゼ宮のレセプションに出席した時も、一行はこの裏門から入った。この時はレセプションに招待されていないエリゼ宮の役人たちが、紋付き袴《はかま》に威儀を正した力士たちを一目見ようと、窓という窓からのぞいていた。裏門から入場したのは観光客も多いフォーブール・サントノレに面した正門から入った場合の混乱を回避する目的があった。

エリゼ宮の招待客をまず、迎えるのは正面玄関にあるダルマン作の彫刻作品「フランス共和国への敬意」だ。白大理石で作った旗が200本、帆掛け舟のような形で収められて

革命記念日の軍事行進開始前に
コンコルド広場に向かうサルコジ大統領

模擬店の並ぶエリゼ宮の庭園
(2007 年 7 月 14 日上写真も同)

いる。

この正面玄関からエリゼ宮最大の間「祝祭の間」との間に、「タペストリーの間」がある。第三共和制が憲法樹立で正式に発足し（1875～1940年）、エリゼ官も正式に大統領府となった後フェリックス・フォール大統領（在位1895～99年）時代に大統領府にふさわしい作品として17～18世紀製作の3枚のタペストリーが飾られたことにちなんで命名された。

タペストリーに描かれている古代ローマの貴族スキピオ一家の物語は、フランスの権力の象徴であるエリゼ宮を飾るのにふさわしい。一家が北イタリアに侵入したカルタゴの将軍ハンニバル（紀元前247～前183年）の軍と勇壮に戦った物語は、敵に対してはあらゆる手段に訴え、全力を尽くして戦い、自国を擁護する、との教訓にほかならないからだ。

飾られた縄文式土器

エリゼ宮での最大の催事である革命記念日のガーデンパーティーと並んで、大統領主催による各国の首脳たちとの夕食会や昼食会も重要な行事だ。

シラクが親日、知日家であることはよく知られているが、就任直後の95年6月にカナダで開催された主要国首脳会議（ハリファクス・サミット）から帰国後、サミットからの帰途にあった当時の首相、村山富市《むらやまとみいち》、同行の河野洋平《こうのようへい》外相、橋本龍太郎《はしもとりゅうたろう》通産相をエリゼ宮に招いて日仏首脳会談を開いた。会談後の昼食会が行なわれた部屋にはギメ国立東洋美術館から特別に貸し出された縄文式土器の深鉢や埴輪《はにわ》、江戸時代の一双の「誰《た》が袖屏風」が展示された。

フランス外交筋によるとこの時の話題は、古代史から蒙古襲来、ジンギスカンと義経の関係、没後300年の芭蕉の俳句までと縦横無尽だったという。シラクは2度の蒙古襲来の年まで暗記していたが、村山をはじめ、同席した駐仏日本大使は下を向くばかり。豊富な話題についていけたのは読書家の橋本だけだったといわれる。

シラクは2006年7月1日の橋本死去の報に声明を発表し、日仏関係に尽力した功績のほかに、「文化の人」との言葉をわざわざ使って、その教養の深さをたたえた。フランスでは何よりの褒《ほ》め言葉だ。

シラクは、橋本が98年7月の参院選で自民敗北の責任を取って辞任した時も訪仏をうながし、日仏対話フォーラムの共同座長に就任を要請。橋本が力を入れた2003年3月の京都での「水フォーラム」にも出席予定だったが、イラク戦開戦時と重なって欠席したのを残念がっていた。

シラクはサミット出発の当日に核実験再開を発表し、日本をはじめ世界から非難を受けたが、唯一の被爆国日本はサミットでは抗議せず、この日仏首脳会談で抗議する予定だった。知日家、親日家を前面に押し出したシラクに完全にしてやられ、結局、抗議せずに退散した。

シラクがこの時、蒙古襲来に言及したのは、「神風」の吹く日本の安全保障とヨーロッパ大陸の安全保障の相違を強調したかったのかもしれない。100年間に3度ドイツと交戦するなど1000年にわたって欧州大陸の中央で戦いに明け暮れながら、曲がりなりにも大国の地位を保持してきたフランスの国家元首として、地政学的関心があったはずだ。

シラクは事実、核実験再開にあたり何度も、「核抑止力のおかげで欧州大陸は第二次世界大戦後の50年間平和が保持できた」と指摘し、「核抑止力」の重要性を強調した。この認識は、核兵器を推進して1966年に米国支配の北大西洋条約機構（NATO）の軍事機構から脱退したドゴールの正統後継者を自任していたシラクに限らず、ごく一部の環境政党など少数派を除く仏国民の一般的認識だ。

シラクは96年11月、大統領就任後、国賓として日本を初訪問した。日仏首脳会談などの公式行事を終了後、九州に飛んで大相撲の九州場所を観戦した。大相撲への関心もさることながら蒙古襲来の現場を見たいとの希望があったからだが、これは時間の制限があり実現しなかった。

家具はすべて略奪

エリゼ宮は2代目住人のポンパドール侯爵夫人の死後、愛人のルイ15世が買い取り、銀行家のボージョンに転売。銀行家はさらに1786年にルイ16世に転売した。フランス革命勃発の3年前だ。

ルイ16世は祖父のルイ15世同様にエリゼ宮を外交団の迎賓館に使用するつもりだったが、いとこのルイーズ＝バチルド・ドルレアン侯爵夫人が住居を探していたので87年7月に彼女に売却した。多額の代金は89年1月までに支払う約束になっていたが、代金が支払われたのは革命中の90年3月だ。

ルイ16世は93年1月21日に断頭台の露と消えたので、この代金はいったい何に使われたのだろうか。

ルイーズ＝バチルドはエリゼ宮を購入したころ、夫のブルボン侯爵とは別居中だった。密かに愛人との間に娘ももうけていた。エリゼ宮の初代住人のエヴリュ伯爵夫人も不実な夫と別居後、子供を2人出産したことを考えると、エリゼ宮の家相は女性にとって複雑な家相といえそうだ。

ルイーズ＝バチルドはフランス王家の一族であるため、それまで「エヴリュ館」とか銀行家の名を取って「ボージョン館」と呼ばれていた館を自分の居城にふさわしく、「エリゼ・ブルボン宮」と名付けた。この時から「エリゼ宮」がこの館の正式名称になった。

「エリゼ」は、「エリゼ（ギリシャ・ローマ神話の極楽の名前）の野」の意味があるシャンゼリゼ大通りに隣接しているところからの命名であることは前述した。

彼女は当時の風習通り、この館でサロンを開き、多数の自由主義者や神秘学者を迎えて支援した。この中に「無名の哲学者」の貴族、ルイ＝クロード・ドサンマルタンがいた。彼は彼女の愛人だったとの説が有力だ。

彼は本職は軍人だったが神秘学やカバラ（ユダヤの神秘説）を学び、彼女にも自分の思想を説いて止まなかった。その思想を端的に要約したのが「自由、平等、博愛」だった。この言葉は後にフランス共和国の名高いスローガンになった。

世界史にもフランスの歴史にもほとんど名をとどめない無名の2人の男女は館の命名と共和国のスローガン作りという2点で、後世に大いに貢献したことになる。

彼女が迎えた客の中には、夫と別居以来別れて暮らしていた息子もいた。毎日のように昼食に招いた若くて美男の息子こそ、バスチーユ監獄が解放されて革命が勃発した翌日に亡命し、祖父コンデ公の組織した亡命貴族軍を指揮したアンギアン公爵である。彼はブルボン家復活を恐れたナポレオン・ボナパルトの命令で１８０４年に逮捕され、ヴァンセンヌの監獄に送られ、処刑された。ナポレオン自身が後にエリゼ宮で廃位の署名をしたことを考えると、エリゼ宮は男性にとっても複雑な家相といえそうだ。

ルイーズ＝バチルドの兄はルイ16世の処刑にも賛成したが、結局は革命裁判で処刑された。彼女もルイ16世の処刑後、逮捕されるが、兄が処刑された翌日、エリゼ宮など全財産を革命政府に寄付することを申し出て免訴《めんそ》を請願した。しかし全財産を没収され、断頭台に送られるところだったが、運よく、総裁政府が樹立され、処刑だけは免れた。彼女がドサンマルタンらとともに荒れ果てたエリゼ宮に帰還したのは革命も収まった1797年1月だが、家具はすべて略奪されていた。

人気のダンスホールに

そのころ、革命騒動で一躍、成金になったベルギー出身のオーブン夫妻がパリの高級住宅地という条件で貸家を探していた。没落貴族になったルイーズ＝バチルドはさっそく、自分がエリゼ宮の2階と庭を使用することを条件に、この夫婦に1階だけ貸すことを決めた。

この辺りの彼女の身の処し方はしたたかである。フランス貴族として、どうやったら王政や自分の血筋を絶やすことなく存続させるかという本能はもとより、女性として単に男性に庇護《ひご》されることなく自分のサロンを開き、学者や芸術家のメセナになるという経験が、こういう時に知恵と才覚になって発揮されたのかもしれない。

多額の家賃のほかに家具の貸し賃も徴収した。一方、この成金夫婦の方もフランスのブルジョア階級的したたかさを発揮した。彼らの一人娘の強い要求もあったのだが、高額な家賃の助けにと、住居の一部をダンスホールとゲーム場に改造する決意をした。

経済感覚も時代感覚も発達していたルイーズ＝バチルドは、この夫婦がさらに改造代を支払うことを条件に、この突飛な申し出に同意した。当時、パリではダンスホールが大流行の兆しをみせていたからだ。

かくてエリゼ宮は1797年6月21日、ダンスホールとして正式にオープンした。入場料は相場の3倍だったが、ポンパドール侯爵夫人や王族の一族の住居という宣伝効果もあって連日、満員の盛況だった。

この客の中に、革命時代の呼称に従い、「シトワイエンヌ（女市民）ジョセフィーヌ・ボナパルト」と名乗る客がいた。セクシーで人目を引く派手な美人だったので、客の間で注目の的になった。

そのうえ、ジョセフィーヌはイタリア遠征中の夫を忘れたかのようにハンサムな大尉たちと踊り興じたので、口さがないパリっ子の話題をさらってもいた。彼女が前年の179

6年に再婚したこの夫こそ、イタリア遠征軍総司令官のナポレオン・ボナパルトだ。

ナポレオンは彗星《すいせい》のように突然、強い光を放って登場し、次々に武勲を立てたため、その名はパリの社交界にまで聞こえ始めていた。一方、彼女はナポレオンとの再婚前からオデオン座やリシュリュー邸で催された舞踏会など当時、人気のあったあらゆる場所で見受けられた。

換言すれば、ジョセフィーヌの姿が見えるところは、パリで人気のある場所、流行の場所とお墨付きがもらえたわけだ。エリゼ宮もジョセフィーヌの登場によって人気社交場としての箔を付け、財政的にも安定しはじめた。

ルイーズ＝バチルドの人生もこれで安泰だと思われたが、生き残りの王党派として、ちょっといい気になりすぎたのだろうか。総裁政府がブルボン王朝に代表される王族は危険だとの結論を下したので、1797年9月13日、総裁政府から国外追放の処分を受けた。

彼女は革命後、たった2年だけ住んだエリゼ宮を2台の大型馬車とともに涙にくれながら後にした。彼女が再度、この館に戻ってくるのは、1814年の王政復古後である。

「食事付きの私室」あり

家主のルイーズ＝バチルド・ドルレアン侯爵夫人が追放された後も、オーブン夫妻の方はせっせと商売に励んだ。

コンサートを開いたり、マリオネット（操り人形）劇を上演したり、果てはアイスクリーム店を出したりした。革命の際に略奪から免れたエリゼ宮の蔵書を利用して図書館も開いた。年間約300冊が男性に、約150冊が女性に貸し出されたとの記録がある。

しかし夫婦の順風も長くは続かなかった。総裁政府が1798年3月、この館を没収して新たな家主となったからだ。当時、すでに王朝時代の通貨リーブルに代わって新たな貨幣単位フランが登場していたが、総裁政府が設定したエリゼ宮の売却価格は高すぎた。

十分な資金がない夫妻は泣く泣く購入をいったんはあきらめたが、3人の資金提供者を見つけ、他の人に売られたエリゼ宮を共同所有者になって買い戻した。

庭園の小川をプール仕立てにして子供の水浴び場に改造するなどさまざまなアイデアを考え出したが、中でも傑作は「食事付きの私室」だ。いわくありげな部屋の使い方を示唆《しさ》した広告も出したので、この商売は大成功し、利用者も多かった。

ただ、派手な宣伝がたたって総裁政府ににらまれ、次第に人足が遠のいた。夫妻がマリオネット遣いのリビエにエリゼ宮を売却したのは１７９８年6月だ。リビエは仮装舞踏会などを開催して景気回復に努めたが、いったん、客足が遠のいたツケは大きく、効果は上がらなかった。

それで、「食事付きの私室」を復活させたが当局からたちまち目をつけられ、何度か勧告を受けた。すっかり嫌気がさした末に、アイスクリーム屋のヴェロニに売却した。

こうしてエリゼ宮は転売に転売を重ねた末に、かつてエリゼ宮の庭園で遊んでいたオーブン夫妻の娘リエヴィヌが１８０３年12月、亡き父親に代わって、館の一部を買い戻した。

このころになると英国との七年戦争もやっと和平条約が結ばれ、英国人旅行者が英仏海峡を渡って、このダンスホール兼アイスクリーム店兼男女の交際場までやってきた。

しかし売り上げの方は相変わらずパッとしなかった。商才のあるリエヴィヌは利上げの少ないアイスクリームのほかに、アルコールとフリット（ジャガイモの揚げ物）を売り出すことを考えつく。

フリットは故郷ベルギーの代表的食べ物だ。多分、亡き父母の故郷へのノスタルジーもあったのだろうが、エリゼ宮に極めて庶民的なジャガイモの揚げたにおいが漂う結果となった。しかし何をやってもあまり収益につながらず、ついにこの広大な館を15に区切って「ブルジョア風アパート」として貸し出すことにした。王侯貴族の住居「エリゼ宮」との宣伝が効いたのか、借り手はすぐに見つかった。

借家人の中で注目されたのがルイ13世の宰相リシュリューの甥《おい》でルイ王朝時代の宮廷貴族の代表だったリシュリュー公爵の未亡人だ。彼女は35歳の時、84歳の公爵の3番目の妻となった。公爵はエリゼ宮の2代目の住人ポンパドール侯爵夫人の批判を先頭に立って行なっていたので、生きていたらエリゼ宮に自分の妻が住むことを許したかどうか。

詩人ヴィニーも借家人

しかし、アパートの借家人の中で最も有名な人物は革命で没落したレオン・ド・ヴィニー伯爵夫妻、というより、その幼い息子のアルフレッド・ド・ヴィニー（1797〜18

63年）といえる。長じてロマン派の代表的詩人となった。

伯爵夫婦は2階の3部屋を借りた。軍人の伯爵は七年戦争の時の負傷と後遺症の痛みで体を半分に折り曲げていた。伯爵夫人はすでに息子3人を七年戦争などで失っていたので、後に詩人となるこの4番目の幼い息子だけは丈夫に育つようにと、当時、一部で流行し始めていたジャン＝ジャック・ルソー式の教育、つまりスパルタ教育を授けた。

ヴィニーは後に、エリゼ宮の庭園を流れる小川などを利用して、冬場でも半裸で水浴びをさせた母親のスパルタ教育の様子を記している。少年は軍人の父親にならって――というより、当時の少年がみんなそうだったように、英雄ナポレオンに憧れ、砲兵将校を夢見てナポレオンが創設したポリテクニック（理工科学校）に1814年に入学した。同校は現在でも理科系の秀才校として知られ、第五共和制の大統領の中ではジスカールデスタンが同校と国立行政学院（ENA）の両方を卒業している。財界人にも卒業生が多く、その一人がカルロス・ゴーンだ。

同校の起源が士官学校だったことは、毎年7月14日の革命記念日にシャンゼリゼ大通りで展開する軍事行進に、金ボタンの制服にナポレオンの三角帽に似た制帽をかぶった学生が行進する姿からもうかがえる。ナポレオンの帝政はヴィニーが入学した年に崩壊したが、ヴィニーは旧貴族ということで同年、ルイ18世の近衛騎兵隊に少尉として入隊した。

ルイ18世はルイ16世の実弟だ。革命中にベルギーを経てドイツに亡命し、亡命貴族と生活を共にしたが兄が断頭台の露と消えたのち、兄の次男で甥《おい》に当たるルイ17世も死んだので、ルイ18世を称した。ルイ17世は父や母マリー・アントワネットとともにタンプル獄に幽閉され、父親の死後、亡命貴族から国王に指名された。しかし、革命政府の命で靴屋に引き渡され、監視と虐待の中で病死した。10歳で亡くなった少年に関しては、死後も生存説が根強く流れ、彼の名を騙《かた》る多くの王位継承者が登場し、歴史家や庶民の興味をそそった。

ヴィニーは、こうした激しい時代の流れとともに生きたせいか、歴史小説『ステロ』や散文史劇「アンクル元帥夫人」「詩人の日記」などには詩人というより思想家の面もみられる。エリゼ宮で暮らした少年時代の思い出として、1804年3月21日の忘れがたい事件も記している。老いた父親が「皺の間に涙をためた恐ろしい顔」でやってくると、十字架を取り出し、幼い息子をひざまずかせ、一緒に祈るようにと命じた思い出だ。この日の早朝、前述のアンギアン公爵の処刑が執行されたのだ。アンギアンの罪状は祖父コンデ公が組織した亡命貴族軍を率いたことだったが、ナポレオンがブルボン家の血を引く彼を抹殺したかった、というのが真相とされる。

17年前、エリゼ宮の所有者だった母親ルイーズ＝バチルドのところに毎日のように昼食を取りにやってきた青年貴公子がエリゼ宮を再訪する機会は、これで永久に失われた。

ナポレオン義弟の館に

ナポレオンの義弟ジョアキム・ミュラが「ブルジョア風アパート」になっていたエリゼ宮を買ったのは１８０５年８月６日だ。ナポレオンは前年の１８０４年12月２日に帝位に就き、イタリア王も兼任するという権力の絶頂にいた。ナポレオンは妹カロリーヌを溺愛していたので、その夫にエリゼ宮の購入費として95万フランを前貸ししたと伝えられる。現在の価格に換算するのは難しいが、当時、元帥だったミュラにも手が出せない金額だったことは確かだ。

ナポレオンが一方で、パリに適当なレセプションの場を探していたのも事実だ。副官としてナポレオンに仕えたことのあるミュラは主人の意図を直ちにくみ取り、エリゼ宮の改造に乗り出した。なにしろ、15に区分けされてアパートとして貸し出されていたので、かつての豪勢な館の面影は失われていた。

ミュラが選んだのは後にマドレーヌ寺院の設計者として歴史に名をのこすバルテルミィ・ヴィニョンである。改造工事は1806年の年頭に始まり、同年11月に完成したとみられる。改造工事費は館の購入費を上回る98万フラン、家具類には39万フランが費やされたとの記録が残っている。同年12月にはミュラ夫妻による初のレセプションが開かれた。

パリでは毎週、月曜日に、ナポレオンの義理の娘のオルタンスのレセプションが行なわれていた。ナポレオンの妻ジョセフィーヌが最初の結婚で生んだ娘だ。この娘は後にナポレオンの弟と結婚してオランダ王妃になった。一方、カロリーヌのレセプションは、毎週、金曜日に行なわれた。肌もあらわな彼女のローブデコルテ姿はパリ名物になり、パリっ子たちは、その肌を「バラの花が凍ったような白いサテン」と評して称賛した。

もっともカロリーヌには、「ヴィーナス（美神）の肩の上に（策略家の）マキャベリの頭をのせた女」との評判もあり、油断のできないところがあった。兄の方がその点、よほど純情だったといえる。彼女の夢はフランスの「女王」になることだった。そして、自分が「女王」になる最短距離は、皇帝、つまり王であり兄であるナポレオンを亡き者にして、義弟である夫にその地位を継がせることだと考えていた。

それには兄を危険で戦死する可能性の高い戦場に送り出すことだとの結論に達した。それにはまず、軍部の協力が不可欠というわけで、当時のパリ軍司令官ジュノを味方にするため、ベッドに引き入れた。ジュノはイタリア戦線、エジプト遠征でナポレオンの幕僚《ばくりょう》や師団長を務め、1806年にはパリ軍司令官になっていた。カロリーヌはパリ郊外の別邸マルメゾンの館からエリゼ宮に馬車で帰る時、招待していたジュノ夫妻を自分の馬車に無理に同乗させた。そしてエリゼ宮に到着すると、中庭にジュノの妻ロールを待たせたまま、ジュノを強引に自分の寝室に案内した。

カロリーヌの野望

しかし、2人の情事は短期間で終わった。戦線から戻ったナポレオンが、情事に有頂天になっていたジュノの態度に腹を立て、仏南西部のボルドーに左遷したからだ。ジュノは英国のウェリントン公との戦いに敗れてポルトガルに撤退し、最後は精神錯乱になって自殺した。

この情事には後日談がある。カロリーヌはジュノが去った後、当時のオーストリアの駐仏大使メッテルニヒに白羽の矢を立て、夕食会に招待した。彼女は香料入りのロウソクを灯し、芳香を放つ20本の花で食卓を飾ってムード作りに精を出すが効果はなかった。メッテルニヒは同席したジュノの妻ロールに夢中だったからだ。カロリーヌは「兄がオーストリアを征服するためには6万の大軍が必要だ」と述べ、オーストリア征服の困難さをそれとなく強調して、メッテルニヒにナポレオンとの戦いを決意させようとしたが、無駄だった。夫を取られたロールがメッテルニヒを誘惑して、カロリーヌに復讐《ふくしゅう》した、という説が専らだ。

このメッテルニヒこそ、ダンスパーティーを何度も開いて「会議は踊る」と言われたウィーン会議（1814〜15年）で議長を務め、ヨーロッパの新秩序の形成に努めたあのメッテルニヒである。

彼がカロリーヌの招待を受けたころは、巧妙な外交を駆使してオーストリアがナポレオンとの戦争に巻き込まれることを極力避けている最中だった。しかし、1813年、ついにロシアと組んでナポレオンと対峙《たいじ》した。策略家という点では、カロリーヌなど足元にも及ばない巧者《こうしゃ》である。

カロリーヌは結局、1808年7月15日に野心の一部を実現させる。ナポレオンがミュラをナポリ王に任命し、晴れてナポリ王妃になったからだ。

ナポレオンは遠征の合間や政務に疲れた時にエリゼ宮にしばしば宿泊し、仮装舞踏会にも出席した。こうした時のナポレオンは、すっかりくつろぎ、「来世は羊飼いになりたい」との夢を語った。その時、ミュラは「ベニスのゴンドラの船頭」で、弟のジェロームは「アムステルダムの洗濯屋」、兄のジョセフはパリ郊外サンリスのブルジョアで、もう1人の妹のポリーヌはヴァンセンヌの花屋といったぐあいだ。彼らのその後の運命を考えると、このたわいない夢が何ともいえない悲哀《ひあい》を誘う。

ミュラはナポリ王に任命された時、ナポレオンから1つの条件をつけられた。家具付きのままのエリゼ宮を含む全財産をフランス国家に移譲することだ。ナポレオンの方はエリゼ宮への出入り権を保持した。もっともミュラはナポレオンが受け取るナポリの年間地代の半分を見返りに得たので、そう悪い話ではなかった。家具などが国家に移譲された結果、ミュラ夫妻が買い集めた丸テーブルや金箔《きんぱく》の取っ手付きのマホガニーの盆などの家具が離散せず、現在もエリゼ宮で使われているほか、理工科系のエリート校、エコール・デ・ポン・エ・ショセ（国立土木学校）をはじめ、ヴェルサイユ・トリアノン宮殿やマルメゾン宮殿にも長椅子やテーブルが保存されている。

皇帝ナポレオン入居

ナポレオン・ボナパルトが正式にエリゼ宮を住居の1つに加えたのは１８０９年3月である。妹のカロリーヌとナポリ王となった義弟のミュラがナポリに出発した後、エリゼ宮には08年11月に妻のジョセフィーヌと、義娘のオルタンスが住んだ記録がある。ナポレオンは前年07年5月から始まったスペインでのフランスに対する蜂起の半島戦争が片付き、スペインから帰還した時、テュイルリー宮やサンクルーの館とともにエリゼ宮にも住むことを決めた。38歳だった。

ナポレオンが生涯に遺した膨大な作品である書簡、歴史研究書、小説、口述、命令書の中から選出して、名著『ナポレオン言行録』を上梓《じょうし》したオクターブ・オブリは、ナポレオンの生涯を要約して、「25歳にして有名であり、40歳にして一切を所有し、50歳にして、もはや名のほかに何ひとつ持たなかった」と記した。ナポレオンのエリゼ宮入りは、まさに生涯の頂点に当たる。04年に、「フランス人民の皇帝」に選出されたナポレオンはアウステルリッツの大勝（05年）、神聖ローマ帝国の解体、ベルリン占領（06年）、フリートラントの戦勝（07年）、そしてエリゼ宮入り後のワグラムの大勝（09年7月）と大勝が続き、破竹の勢いだった。

私生活の面でもエリゼ宮入りした年の12月にはジョセフィーヌと正式に離婚し、翌10年4月にはオーストリアの皇女マリ＝ルイーズと挙式をするという、絶頂期にあった。エリゼ宮入りした09年は、エリゼ宮の歴史にとっても記念すべき年となった。この時、初めて国家元首の住居となったからだ。名称も「エリゼーナポレオン」となり、正門にこの新名称が掲げられた。

しかしナポレオンは軍人らしく生活態度はいたって厳格だったので、費用のかかるエリゼ宮の内装には手を付けなかった。変更したのはこの表札だけだった。

代々の住人たちが自分の嗜好などに合わせて家具調度類を入れ替え、改装に精を出したのとは異なり、ミュラ夫妻の使った家具調度類をそのまま引き継ぎ、妹のカロリーヌが使用した庭に面する目立たない側面の部屋を自室にした。ジョセフィーヌは離婚まで2階のミュラの寝室を自室にしたが、エリゼ宮を去るに当たって、ナポレオンから贈られたルネサンスの宗教画の大家フラ・バルトロメーオなどイタリア絵画26点や5枚の絨毯《じゅうたん》、その他の高価な品物を持ち去った。

しかし愛用していた書き物机や整理ダンス、虫メガネ、マホガニー木目や黒檀の家具はそのまま残して去った。これらの家具は06年にパリ市からナポレオンに贈られたもので、新婦のマリ＝ルイーズがそのまま使用した後、現在はジョセフィーヌが離婚後から14年5月に死去するまで住んだパリ郊外マルメゾンの館に保存されている。

「行動の詩人」

ジョセフィーヌが移り住んだマルメゾンの館は、ナポレオンが戦地にある間に彼女自身が購入したものだ。しかも、ナポレオンと１８００年から03年まで仲睦まじく暮らした思い出の館だ。

ナポレオンは09年にエリゼ宮を購入して公邸の１つに加えたが、公式記録によるとエリゼ宮を公邸とすると署名したのは12年2月だ。ナポレオンが当時のエリゼ宮に言及した文章がある。モスクワ遠征中の12年9月18日にマリ＝ルイーズに出した手紙だ。

「この都（モスクワ）にはエリゼ宮に劣らず立派な、信じられないほどの贅《ぜい》を尽くしたフランス風の装飾のある550の館と、いくつかの皇居と兵営、豪奢《ごうしゃ》な病院があった。ところが、みんな無くなってしまった……総督とロシア人どもが、戦いに敗れたのに憤《いきどお》って、この美しい都に火を放ったのだ」

このモスクワ遠征はナポレオンの失脚を招いてエルバ島に追放される原因となったが、「20万の善良な住民は絶望に陥り、街上に投げ出されて悲惨を極めている」とも書いている。

ナポレオンを天敵とする英国の詩人クーパーはナポレオンを「諸国民に災いをもたらした史上最悪の怪物」と呼んだ。やはり英国人の歴史作家キース・アディは著書『ナポレオン』の中で、「略奪を生業《なりわい》とし、現地の人々の人格や持ち物ばかりか、聖なる宝物を納めた尊い修道院もないがしろにしてやまない侵入者」と糾弾している。

しかし、ナポレオンの文章からうかがえるのは、野卑《やひ》な征服者の姿より、むしろ「行動の詩人」という呼び方が似つかわしい。ナポレオン自身も、「私が権力を愛するのは芸術家としてなのだ」と語っている。

ナポレオンに関する書物は、「彼が死んだ日から書かれ始めた」といわれるように、その数は死後、約200年で「40万冊以上」（2006年、マックス・ガロ）が出版されている。絵画もキリスト像に次いで多いといわれるが、ナポレオン自身が遺した膨大な書簡、歴史的研究書、小説、論文、命令書などの作品は、文章家としてナポレオンに高い評価を与えている。

ナポレオンの読書好きはよく知られるところだ。貧乏学生だった兵学校時代はもとより、砲兵連隊時代は「本屋の店を食いつぶすほど読書にふけった」といわれた。遠征中の野営の宿舎でも読書をしていたといわれる。

下級将校時代に軍隊で24時間の謹慎を命じられた時、東ローマ皇帝ユスティニアヌス（483〜565年）の『ローマ法大全』を読破した。ジャン＝ジャック・ルソーにも一時、傾倒した。兄のジョセフとともにヴォルテール、ミラボー、ネッケルを朗読していたとも伝えられる。軍事書として名著の評が高い『新砲兵用兵論』（シュヴァリエ・ド・テーユ）、『山岳戦原論』（ブールセ）、『戦術総監』（ギベール伯爵）を、細かくノートを取りながら読んだ、という記録もある。

「兵士よ、政府は諸君に負うところが多く、しかも何1つ諸君に与えることはできない。私は諸君を世界一の沃野《よくや》に誘導しようと思う」――イタリア遠征の出発に際しての演説「兵に告ぐ」は、中でも名文として評価が高い。

「人気とは何か」

ナポレオンがまだ砲兵将校にすぎなかったころ、仏中部リヨンの学士院に提出した論文にも名文家ぶりが偲ばれる。

その一節にこうある。「天才とは、おのが世紀を照らすために燃えるべく運命づけられた流星である」。この文章があまりにも名文で強烈な印象を与えたので、ナポレオンが「野心家」のレッテルを張られる最大の理由にもなった。

戦役中も、『イタリア軍時報』『エジプト時報』を発行しており、ジャーナリストとしても一級だったことを示している。ナポレオンが創設し、自ら編集長も務めた官報『ル・モニトゥール』紙上で、さんざんに批判、非難されたイギリス人はナポレオンをアジテーター、プロパガンダの名人と呼ぶが、政治家として大衆の心を把握する術を極めて正確にとらえていたともいえる。

エルバ島では、王政復古したブルボン家の失政が満載された新聞を読みながら、「奴らは大衆が何を想像しているかについて話すことを知らない」と軽蔑《けいべつ》していた。

一方で、「人気とは何か」について書き、「威厳をもって人民に仕えるべきであって、汲々《きゅうきゅう》として人民の歓心を買おうとしてはならない」とも述べている。ナポレオン信奉者で、『ナポレオン言行録』を上梓するため、ナポレオンの文章を徹底的に研究したオクターヴ・オブリは、ナポレオンの文人としての面を強調する。それと同時に野心家説を否定し、「このフランス人は祖国の第一の奉仕者にほかならなかったしそれ以外の者でありたいとは決して思わなかった」と、愛国者説を取っている。

オブリがこの文章を書いたのは第二次世界大戦中でフランスがドイツ占領下にあった1941年だ。オブリはドイツ占領下だからこそ、ナポレオンの言行録を記すことで、フランスの運命と自らを奮い立たせていたといわれる。

オブリは、「世界が危機に瀕しているこの悲劇的な時代にも、生え抜きのフランス人には1つのなぐさめが残っている。それは過去を思い、どんな逆運にも傷つけられない栄光にわれわれの魂をひたすことである……われわれを最も力づけてくれるかもしれないのはおそらく、ナポレオンであろう」とも書いている。

一方、1943年にやはりドイツ占領下で『ナポレオン』を上梓した歴史家アンリ・カルヴェは、「真の偉人の資格をなす正義とヒューマニティーについての配慮を欠いた」と、ナポレオンを厳しく断罪した。カルヴェは当時ソルボンヌ大学で教えていた。ナポレオンの栄光と没落を検討することで、ヒトラーの独裁政治と軍国主義が長く続くはずはないとし、オブリとは反対の結論を引き出している。

それにしても、ナポレオンほどいわゆる毀誉褒貶《きよほうへん》が激しい英雄はいない。仏国内でも「革命の継承者かそれとも簒奪者《さんだつしゃ》（デスポート）か」「コルシカの食人鬼か攻撃の的になった君主か」「欧州統合の先駆者かナショナリストの生みの親か」「厳格な行政者か全体主義的独裁者か」などと、機会あるごとに繰り返し論じられている。

しかし、多くのフランス人にとって、こうした議論はどうも、ナポレオンを肯定するための方便にすぎないような気がする。

英雄か征服者か

ナポレオンの生誕200周年に当たる1969年や、ナポレオンが初の大勝利を挙げたイタリア遠征からパリに凱旋《がいせん》した200周年の1997年、あるいは「ブリュメールのクーデタ（1799年11月9日）200周年」の1999年秋にもフランスでは何回目かのナポレオン・ブームが起きた。そして、その度に、「英雄か征服者か」の議論が沸騰した。

歴史作家マックス・ガロが1997年に上梓した大著『ナポレオン（全4巻）』が大ベストセラーになった時もナポレオン・ブームが到来した。この時は欧州主義者のガロがナポレオンを「欧州統合の先駆者」として描いたこともあり、反論として欧州征服を試みた「ヒトラーの前兆」などの議論も盛んだった。

ガロは2006年当時の筆者との会見で、「ナポレオンを振り返ることなしにフランスの歴史も欧州の歴史も考察できない」とし、欧州全体の歴史の中でのナポレオンを描くことが同書のテーマだったことを明らかにした。

ナポレオンの遠征に関しても、「フランス革命の自由、平等、博愛の精神を欧州に拡散することで、フランスのアイデンティティーを確立すると同時に一種の欧州建設を試みた欧州主義者」と定義した。

これに対し、哲学者のロジェ・カラティエは、「ナポレオンはヒトラーの前兆。上昇志向は仏国家への貢献ではなく、個人的野心のため」と断定。ナポレオンにフランスへの愛国心がなかった例証として、ナポレオンがコルシカ島の小貴族の出身であることやロシア遠征で80万の兵士のうち、帰還者が3万にすぎなかった点を挙げている。

確かにナポレオンが生まれる直前までコルシカ島はイタリア領だったし、多数の兵士を犠牲にしたことも事実だ。しかし、どうやら、説得力には欠けたようだ。当時の世論調査では、フランス国民の70%がナポレオンを肯定するという結果が出た。

1999年の「ブリュメールのクーデタ200周年」の時には、フランスの新聞雑誌がこぞって特集を組んだが、この時はナポレオンの執政政治の樹立はフランス革命の精神と共和制を存続させたという観点からナポレオンを再評価する論が支配的だった。

この、ナポレオンは「革命の子」という視点は新しいものではない。かのカール・マルクスも著書『ルイ・ボナパルトのブリュメール18日』で、ナポレオンと甥《おい》のルイ・ナポレオンの際立った相違を挙げて比較し、ナポレオンを「革命の子」として評価している。マルクスはナポレオンをカミーユ・デムラン、ダントン、ロベスピエール、サン＝ジュストとともに列記し、「これら昔のフランス革命の英雄たちは自分の時代の課題を成し遂げた」と評価。そのうえでナポレオンについて「解放された国民の工業生産力の使用が、可能となるような諸条件をはじめてフランス国内につくりだした。国境のそとでは、ブルジョア社会にふさわしく時勢に合った範囲で、封建的な諸形態をいたるところでとりのぞいた」と指摘し、革命の達成者、欧州への革命の輸出者との見方をしている。もっとも、いわゆるマルクス主義史観で綴られた日本の第二次世界大戦直後の権威ある歴史書の編集者たちの大半は、ナポレオンを、彼の「ブリュメールをもって革命は終わった」「軍人独裁の成立をもってフランス革命の幕が閉じられる」という言葉で総括している。

200周年の明と暗

2004年12月2日、フランス各地でナポレオン・ボナパルトの帝位就任200周年の記念行事が行なわれた。メディアも特集を組むなどナポレオン人気の根強さがうかがわれた。

帝位についた当日の様子はルーヴル美術館に展示されているダビッドの大作「ナポレオン1世の戴冠式」で知られる。この作品はルーヴルでは「モナリザの微笑」に次いで入場者の人気を集めている。

ナポレオンは自ら王冠を頭上には掲げてはいないものの、本来なら式典をつかさどるべき教皇ピウス7世が着席して脇役に徹している情景が、見事にナポレオンの「独裁者」ぶりを表現していると指摘されている。

ダビッドが弟子とともに2年の歳月をかけて描いた約200人の人物の中には、フランスの最高章レジョン・ドヌール叙勲者の軍人をはじめ、参事院（法制局と最高行政裁判所を兼ねたもの）役人、破毀院《はき》（最高裁に相当）判事、立法府（議会に相当）議員、知事などの姿があり、ナポレオンがフランスの各制度の基礎を確立した始祖であることを強調している。

ナポレオンが制定した「ナポレオン法典」は、2世紀を経た現在もフランス国民の日常生活の規範の一部を成している。単一通貨ユーロの登場によって欧州中央銀行にとって代わられたもののフランス銀行や会計検査院、県知事制度、エリート校のポリテクニック（理工学院）、レジョン・ドヌール勲章……とナポレオンが創設したもののリストは長い。

ナポレオンが決して単なる歴史上の人物ではない点こそ、ナポレオンに関する論議を活発にしているゆえんかもしれない。

帝位就任200周年に比べ、オーストリア・ロシア連合軍を破った「アウステルリッツの戦い」（1805年）200周年の2005年12月2日は寂しいものになった。ナポレオンが「奴隷制度の復活者」として批判される中で、仏政府が公式記念式典を見送ったからだ。

革命記念日のガーデンパーティー。
制服姿のポリテクニックの学生たち

フランスは当時、植民地時代などの歴史見直しに関する事件が続き、ナポレオンもフランス革命で廃止した奴隷制度を復活した人種差別者、民主主義の敵としてグアドループ島など仏海外県やアルジェリアなど旧植民地から盛んに批判が出たからだ。

当時、次期エリゼ宮の住人候補とされていたドミニク・ドビルパン首相は熱烈なナポレオン信奉者で、『百日、あるいは犠牲の精神』などナポレオンに関する著作もあるだけに、仏政府の態度は「フラストレーションと侮辱、憎悪を掻き立てるだけ」(マックス・ガロ)との批判も聞かれた。

勝利で獲得する平和

ナポレオン・ボナパルトに関する日本の一部の中学生向けの教科書の記述は一様に反ナポレオンだ。背景にはナポレオンを天敵とする英米の影響のほかに第二次世界大戦後の日本を支配した平和主義もありそうだ。

挿絵には、ナポレオン占領軍に対するスペイン人の抵抗を描いたゴヤの傑作「戦争の惨禍」がよく使われている。血に飢えた「ヒューマニティーのかけらもない侵略戦争」を行なった侵略者を説明するにはぴったりだからだ。

歴史書の中には、驚いたことに、自由、平等、博愛の革命を礼賛する一方、ナポレオンの戴冠式の場面では、「このコルシカ人の成り上がり者は」という人種差別的表現を平然と使っているものもある。

独裁者としても、「一定の思想にたつレーニンや毛沢東との決定的な相違点」があると批判し、ナポレオン法典の編纂にしても「彼の寄与は重要とはいえぬ」と決めつけている。

こうした第二次世界大戦後の日本の戦後史観の根本には、ナポレオンが軍人だったという理由も含まれていそうだ。つまり、「軍人、イコール、悪人」という短絡的な発想だ。この見方はドゴール将軍の場合にはあてはまる。

ただ、ナポレオンが単なる戦争好きの侵略者でないことは、一度は追放した思想家ベンジャミン・コンスタンに、自由帝国の構想を持つ憲法付加条項の起草を要請した時に述べた言葉からも察せられる。

「私は平和を願っている、しかるに平和は勝利に勝利を重ねることによってしか獲得できないであろう……私は講和会議が行なわれていると言わせているが、実はそんなものではない……」

平和がかけ声だけで獲得できるような生やさしいものではないことを示しており、第二次世界大戦後のフランス安保の要「核抑止力」政策と、基本的に同じ考え方なのが興味深い。

次のような記述もある。「戦争はやがて時代錯誤になろうとしている。われわれが全大陸で数々の戦闘を交えて来たのは2つの社会が対峙《たいじ》していたからである。すなわち1789年からはじまった（革命）社会と旧制度とだ。……2つのシステムがある、過去と未来である。何れが勝ち誇るべきであるか？　未来は知性であり、産業であり、平和である。……勝利はいつの日か大砲もなく銃剣もなしに達成されるだろう」

一方、ナポレオンを欧州主義の先駆者とする見方は、欧州統合がすすみ、国家主権や国家としてのアイデンティティの問題など将来の国家像が曖昧になってきたという時代背景と深く関係していそうだ。

永遠の英雄

ナポレオンは帝位についてからは代々のフランス国家元首にならって、テュイルリー宮に居を構えたものの、パリ郊外サンクルーの館を愛し、マリ＝ルイーズと挙式したのもこのサンクルーだった。

エリゼ宮の方は「わが健康の館」と呼び、次第に暗雲がたちこめる帝国の将来に関して沈思し熟考するための時を過ごす安らぎの場所にしていたようだ。

ナポレオンにとってエリゼ宮で暮らした初期のころは家庭的にも幸福であったはずだ。エリゼ宮には１８１０年に結婚したオーストリアの王女マリ＝ルイーズとの間に生まれた待望の息子がいた。あれほど熱愛していたジョセフィーヌとの離婚理由がなんと、「子供ができない」だったことからもうかがえるように、ナポレオンは息子を溺愛し、息子の部屋には、日当たりの良い３階を選び、部屋のカーテンの色は赤子の目に優しい緑色にした。床には「あらゆるショックの危険」を回避するためにマトラッセ（マットレス）を張り巡らせた。

父親としてのナポレオンに関する記録は極めて少ないが、幼い息子と過ごしたこんなシーンの記述が残されている。

赤子が家政婦のモンテスキュ夫人に抱かれてやってくると、ナポレオンが相好《そうごう》を崩して膝に抱き上げ、息子が小さな手で剣の柄をつかむと、「ムッシュー、まだ早すぎる。大きくなるまで待とう」と満足げに述べたという。

モンテスキュ夫人が赤子は食欲も睡眠も十分に取るが、歯の生え始めのせいか、「最近はよく泣く」と報告すると、赤子に向かい、「泣き顔の王は醜い！」と諫《いさ》めた。ナポレオンはあるいはこの息子の将来を本能的に危惧《きぐ》していたのかもしれない。

赤子への溺愛ぶりはシャイヨー丘（現在、人類博物館などがあるトロカデロ広場のあるところ）に息子の居城を建築する計画を立てていたことでもうかがえる。

建築家のピエール・フランソワ＝フォンテーヌはしばしばナポレオンに呼ばれてエリゼ宮を訪問し、庭園を散歩しながらこの居城の改造の相談に乗ったが、その時の様子をこう記述している。「毎回、彼の考察の明敏さや彼の知識の広大さ、正確さに驚かされた」と。この建築家はルーヴル、テュイルリー宮の改装やカルーゼルの凱旋門の建築に当たったフランス一の建築家だ。

ナポレオンは新婚の妻マリ＝ルイーズのためにも祭壇を設えるなど小規模な改造工事を

行なった。1812年4月13日の注文書によると、二重の窓枠と小階段の設置を命じている。窓枠は寒気防止のため、階段は当時の設計図にある皇帝の1階の部屋から2階の妻の部屋に直接、通じる階段と推定されている。

もっともエリゼ宮前住者の妹カロリーヌが費やした多額の改造費に比較すれば、皇帝としては小規模な改装だったといえる。カロリーヌは夫のミュラが待望のナポリ王に任命されたのに伴い、ナポリへ去るに当たり、高額の改修費をかけたエリゼ宮を手放すことに不満を漏らしたほどだ。

ナポレオンは生涯の最後に「遺書」と「息子への助言」の2つの文章を残している。前者は最も優れた戦報として知られる。1821年4月17日、息も絶え絶えの中で口述された後者には、父親の情愛とフランスへの愛国の情が溢れている。

「私の死を利用すべきである……爪の先までフランス人であらんことを。……私は死に瀕していた革命を救い、革命の罪悪を清めた……ブルボン王朝は永くはもたないだろう……私の息子は新しい思想の人間でなければならない……」

この文章を読むと、フランス共和国の国民の大半にとって、ナポレオンが「永遠の英雄」である理由がよく理解できる。

フランス人とナポレオン

第二次世界大戦中に『ナポレオン言行録』を執筆したナポレオンの信奉者オクターヴ・オブリは、ナポレオンに関連し、「聖王ルイ、ジャンヌ・ダルク、アンリ4世、リシュリュー、ルイ14世、大革命、(そしてナポレオンによる)帝政……。これらのイメージがわれわれをささえてくれる」と述べている。

この言葉にフランス人とナポレオンの関係、つまりフランス人とフランス国家との関係が集約されているといえる。ナポレオンがフランス人にとって特別の意味を持ち、故に英国人をはじめナポレオンを敵将とした欧州各国がどんなに彼を憎悪したかもこの1点にあるといえそうだ。もっとも外国人の中にもナポレオンの賛美者がいた。ロシア皇帝アレクサンドル1世(1777～1825年)もその1人だ。

ナポレオンがロシア・プロイセン・オーストリアの連合軍に敗北し、連合軍がパリに入城したのは1814年3月だった。アレクサンドル1世はプロイセン、英国、オーストリアと組んでナポレオンと戦ったが、2度の対仏戦争(1805、1806～7年)に敗れ、

3度目のライプツィヒの戦い（諸国民の戦い・1813年）でやっと仏軍に勝利した。その結果、ナポレオンが退位（1814年4月6日）して王政復古でルイ18世が即位した後、勝者として1814年4月12日から6月2日までエリゼ宮を宿舎とした。

エリゼ宮に近いシャンゼリゼ大通りには勇猛で鳴らすコサック騎兵が野営し、物見高いパリっ子たちが遠巻きにして彼らの動向を見物した。アレクサンドル1世はフランスの政治家や文人をエリゼ宮に招待したが、作家で政治家のシャトーブリアンやブルボン一族については、苛立ちを隠さなかった。彼らはナポレオンに厚遇されながら、ナポレオンがアンギアン公爵を処刑したことで生涯、ナポレオンを敵視していたからだ。アレクサンドル1世は彼らが帰ると、「私などは毎夜、父君の暗殺者の1人オウバロフと夕食を共にしたものだ！」と叫んで、彼らの寛容のなさをなじった。

そして、ナポレオンに重用された建築家のフランソワ＝フォンテーヌやその協力者のシャルル・ペルシエを呼んで、ナポレオンがいかに偉大だったかの話を好んでさせたという。

百日天下の日々

ナポレオン・ボナパルトがエルバ島に追放された後、エリゼ宮はまた主を失うことになるが、第一次王政復古とともに旧所有者のルイーズ＝バチルドが戻ってきて、姻戚関係もあるルイ18世に正式に返還するようにと申し出た。

もっともいくら王政復古したとはいえ、家屋の所有権の変更は簡単にはいかない。ルイ18世はエリゼ宮の代わりに近くのマチニヨン宮と交換する条件を提案した。現在のフランス首相府である。エリゼ宮に比較すると見劣りはするが、ルイーズ＝バチルドはここは承諾した方が得策と考えたのか、１８１５年3月5日、提案に同意する書類に署名した。

しかしこの契約文書は結局、反故《ほご》になる。ナポレオンが2月26日にエルバ島を脱出し、ルイ18世は3月19日にテュイルリー宮を後にするからだ。

ナポレオンを乗せたカレーシュ（無蓋の軽四輪馬車）がテュイルリー宮の中庭に突入したのは3月21日夜9時だ。ナポレオンはエルバ島から戻ったこの百日天下の間、妻も息子も去ってしまったテュイルリー宮には1カ月しか住まず、好んでエリゼ宮で過ごした。

ナポレオンがテュイルリー宮を嫌ったのは暗殺を恐れたからだとの説もあるが、そのうわさを否定するかのように、ナポレオンは自ら創設した理工科学校（ポリテクニック）や当時、着手されていた凱旋門の現場を見学するなどパリの街を出歩いた。あるいは自分の運命を予感し、パリにひそかに別れを告げていたのかもしれない。

6月12日、ナポレオンは最後の戦争になったワーテルローの戦いに出発した。その前日の夕、エリゼ宮にナポレオンの親族が集まり、最後の晩餐を開いた。

この時、7歳だった甥《おい》のルイ・ナポレオンは目に涙をいっぱいためて、伯父に戦場に出発しないように哀願したと伝えられる。

21日午前8時、ワーテルローの戦いに敗れたナポレオンがエリゼ宮に帰還した。「汚れ、やつれ、疲れ、こじきのようだった」という描写がある。ナポレオンは四輪馬車を降りると、とぎれとぎれにこうつぶやいた。

「軍は驚嘆すべきだった……パニックに捕らわれた……すべてが失われた……ネイ（元帥、1769～1815年）はまるで狂人のようだった。彼のせいで私は騎兵隊を虐殺させてしまった……もはや何もできない……私には2時間の休養が必要だ……」

この時、エリゼ宮には、ナポレオンがエルバ島から帰還した時に任命した40人の侍従のうち3人しか残っていなかった。この3人はいずれもセント・ヘレナ島に同行したモンタランベール、モントロン、そして『セント・ヘレナ日記』の作者、ラス・カーズである。またこの朝、エルバ島にもやってきた愛人のマリア・ヴァレフスカとその息子のアレクサンドルもいた。この日の正午前に閣議が開かれ、ナポレオンはこう述べて支持を要請する。

「我々の不幸は大きい。私はそれを繕うためにここに帰ってきた。もし国家が立ち上がれば、敵は駆逐されよう。私が祖国を救済するために、一時的な独裁が必要だ。私は独裁を敷くことができると思うが、議会がそれを承認すれば有効であり、より国民的である」

ナポレオン退位に署名

この時、現場にいた思想家ベンジャミン・コンスタンはこう記した。

「もし、エリゼ宮に閉じこもる代わりに国家の代理人の中(議会)に登場するという熱気ある行動を取り、大いなる思い出の行動、切迫した危険な行動(議会の解散)を取ったら多分、（ナポレオンへの）憎悪の感情が拮抗《きっこう》しただろう」と。

弟のリュシアンは議会の解散を勧め、もう一度2人で「あえて」、「ブリュメールの18日」を再現しようとした。しかし、ナポレオンは「あえて」を拒否した。コンスタンはこのナポレオンの選択を正しいと評価したわけだ。

セント・ヘレナ島にも同行し、『セント・ヘレナ日記』を執筆したラス・カーズは後に、22日の早朝からナポレオン帰還を知った群衆がエリゼ宮を取り巻きはじめ、そのうちの何人かは塀を乗り越えて宮殿に侵入し、「皇帝万歳！　われわれを見捨てないでくれ！」と叫んだと記している。

しかし、ナポレオンは群衆の支持を無視し、コンスタンにこう言う。「私が名誉と財宝で埋め尽くしたのはこの人たちではない。彼らは以前も貧困で今後も貧困の中に置き去りにされる。しかし国民意識の本能が彼らを明晰《めいせき》にし、国の声が彼らの口を借りて話しているのだ……だが、私がエルバ島から戻ったのはパリを血の海にするためではない」

ナポレオンはこう言いながら、帽子を床に投げ捨てると、「銀の間」に進んだ。部下のルグノーが、「令息の王冠を救うために皇帝は退位する！」と述べると、ナポレオンは「息子！　息子だと！　何たる妄想だ！　私が退位するのは息子のためではない。ブルボン家のためだ。少なくともウィーンで捕らわれている人たちのためだ」と叫んだ。

午後4時、「フランス国民に告ぐ」を口述させた。「私が国の独立をささえようとして戦争を始めた時、すべての人々の努力と、すべての人々の意志とが結集され、国家機関のすべてが協力してくれることを当てにしていた。そしてその成功を期待する根拠があった。しかるに事情は変わったようだ。私はフランスの敵どもの憎悪に対する犠牲としてわが身をささげる……」

第五共和制の初代大統領としてエリゼ宮入りしたシャルル・ドゴールは、「銀の間」を愛し、訪問者をしばしばここに案内し、設置されたコピー機の上に置かれているこの文書を読ませたという。

ナポレオンは文書を口述させた後、ぐったりとひじ掛け椅子に崩れ込むが、この椅子も「銀の間」に保存されているはずだ。

ナポレオンはこの後、退位の文書に署名した。そして3日間、エリゼ宮に留《とど》まり、書類を整理したり焼却して過ごした。

25日、出発の時間を正午と決めながら、少し前に裏門からエリゼ宮を後にした。フォーブール・サントノレに面した正門の方には群衆が集まって「皇帝万歳！　われわれを見捨てないでくれ！」と相変わらず叫んでいたからだ。

ナポレオンは未完成の凱旋《がいせん》門の前を通り、ジョセフィーヌと新婚時代を暮らしたパリ郊外マルメゾンを抜け、それからセント・ヘレナ島に向かった。この日、パリは快晴。強い初夏の日差しが主人を失ったエリゼ宮を照りつけていた。

ナポレオン毒殺説

ナポレオンがセント・ヘレナ島に去った後、占領軍としてエリゼ宮にやってきたのは、またしても、ロシアのアレクサンドル1世だった。ナポレオンが去ってから3日後の1815年6月28日からエリゼ宮を占領した。

皇帝主催の晩餐会にはオーストリアの宰相メッテルニヒもやってきた。ナポレオンの妹カロリーヌがエリゼ宮の住人だったころに誘惑したが、効果がなかったあのメッテルニヒだ。

このメッテルニヒが目指したのがウィーン体制だった。「会議は踊る」といわれたウィーン会議の後に結ばれた四国同盟（英国、プロイセン、オーストリア、ロシアが加盟）や神聖同盟を中心に、ヨーロッパをフランス革命以前のアンシャン・レジーム（旧体制）に戻すというのが狙いだ。

フランス国民は革命前のブルボン王家が復活すれば革命の成果である自由、平等、博愛の精神も失われるとあって王政復古を恐れていたが、メッテルニヒは「同盟国は正統な王の支配する旧フランスに敬意を払うだろう」と主張した。

ナポレオンがエルバ島に追放された直後の1814年5月に、フランスはロシア占領下でルイ16世の弟ルイ18世が即位し、王政が復古した。フランスの王政復古は、ナポレオンによってフランスはもとよりヨーロッパ中が目覚めたナショナリズムや民主主義を抑圧する反動体制ともいえた。

ナポレオンの死因について論議が盛んなのも、こうしたヨーロッパの新旧体制の激しい綱引きが背景にあるからともいえる。ナポレオンはヨーロッパ中の旧体制の目の敵《かたき》だったからだ。

死因については、胃がんの他に英国の毒殺説が有力だが、最近はセント・ヘレナ島に同行した忠実な部下の1人モントロンによる毒殺説もある。セント・ヘレナでのナポレオンの愛人がモントロンの妻で女子まで誕生したことは知られており、嫉妬《しっと》に狂った夫が毎日、主人に少しずつ毒を盛ったというわけだ。

ナポレオン死去の翌日の1821年5月6日には、デスマスクを取るため頭髪が切り落とされた。この頭髪の一部をナポレオンの衣装係のノヴェラズ夫人が保管していたことも、毒殺説の有力な裏付けとなっている。

英国のハウエル原子力センターがこの頭髪を分析した結果、摂取したヒ素の量と摂取の期間の分析に成功したからだ。もっとも、この毒殺説も、ヒ素は当時一般的だった塗料の影響との説も出されるなど論争は今でも続いている。

ナポレオンの遺体は1840年10月に英国政府から返還され、今ではパリ・アンヴァリッド（廃兵院）に保管されている。この遺体も偽物説があるが、フランス政府は鑑定を行なっていない。偽物であることが証明されれば、英仏関係の悪化は必至で、昔なら開戦理由に十分になりうるからだ。

彼の息子、フランソワ・シャルル・ジョセフ（ローマ王、ナポレオン2世、1811〜32年）の死因も最近は結核ではなく、メッテルニヒによる毒殺説が有力だ。

ナポレオンの最後は寝たきり状態でベッドの側には銅製のバスタブが置かれ、下血が始まると何時間もこの中で過ごしたという。現在もセント・ヘレナ島のナポレオンの家にはこのベッドとバスタブが展示され、研究家や観光客の関心の的になっている。

第3章

王政復古から共和制へ

ルイ18世の王政復古

フランス革命で断頭台の露と消えたルイ16世の実弟ルイ18世は1814年に王政復古に成功するとまず、憲法を制定した。

憲章（シャルト）と呼ばれたこの憲法では、世襲王権を認めながらも、革命で流布された法の下《もと》の平等、所有権の不可侵、基本的人権などを認めた。

ルイ18世は革命を経験し、共和主義に目覚めた国民に、何もかも革命前のアンシャン・レジーム（旧体制）を押し付けるのは無理と考えた。

ところが、この新旧の折衷《せっちゅう》案的憲章は結局、新旧両体制支持派の双方から支持を得られなかった。かえって、旧貴族ら対大小のブルジョア階級と農民、労働者という新興階級との激しい対立を招く結果となった。ナポレオン・ボナパルトのエルバ島からの帰還を許し、「百日天下」が登場する下地もつくった。

しかし、ナポレオンの「百日天下」はワーテルローの戦いの敗北で終わり、ナポレオンはエリゼ宮を去って、セント・ヘレナ島へと旅立っていった。その後、フランスを席巻したのが旧貴族の王党派の中でもユルトラ（超王党派）と呼ばれる一派だ。その名の通り、過激な政策を展開し、共和主義者への「テロ」を繰り返した。その最中の1815年8月に初の下院選挙が実施され、結果はユルトラの圧勝だった。

ルイ18世は、ユルトラのこうした動きに危機感を募らせた。フランスを占領していた連合軍が占領軍の縮小の条件として議会解散を挙げていたこともあり、翌1816年9月には議会を解散。その結果として今度は、ユルトラが敗北した。

こうした激動の時代の中で、エリゼ宮の方はロシアのアレクサンドル1世に代わって、1815年11月には同じく占領軍の主として、英国の軍人であり政治家のアーサー・ウェリントン（1769〜1852年）が新たな住人になった。ところが、ウェリントンは英国的な実用主義者であったため、エリゼ宮の欧州大陸的な住み心地の悪さ、つまり外見や調度に凝った立派な建物だが、水回りの悪さや家具などの使い勝手の悪さなどには耐えられなかった。早々に音を上げたウェリントンは1816年1月には英国に引き揚げていった。

この時、旧所有者ルイーズ＝バチルドの夫であるブルボン侯爵に、1年の契約でエリゼ宮が返還された。

ベリー公暗殺

ナポレオンの帝政時代からルイ18世による王政復古の時代と、新旧制度の綱引きによる政変が目まぐるしく続く中、エリゼ宮の住人になったのがルイ18世の甥《おい》シャルル＝フェルディナンド・ベリー公爵だ。

王位継承者第3位の地位にあったこの公爵は、フランス革命の最中に亡命し、王政復古までの約25年間を海外で暮らした。そのせいか婚期をすっかり逸していたが、１８１６年5月19日、38歳でブルボン王家とのつながりのあるマリ＝カロリーヌ・ブルボン＝シシルと結婚した。彼女は17歳だったが、小柄なこともありほんの少女にみえた。ルイ18世には息子がおらず、従って継承者がいなかったので、この新婚夫婦の男子誕生が大いに期待された。

ルイ18世が新婚夫婦の新居としてエリゼ宮を貸し与えたのも、ひとえに世継ぎ欲しさからだった。ノートルダム寺院での結婚式を終えた新婚夫婦はその足でエリゼ宮に到着した。その夜、エリゼ宮では盛大なレセプションが開かれた。ルイ18世はもとより、革命前のエリゼ宮の元家主のルイーズ＝バチルドも親類として列席した。ルイーズ＝バチルドのエリゼ宮訪問は、実に19年ぶりだった。しかも、エリゼ宮はかつての懐かしい旧名、「エリゼ・ブルボン宮」と呼ばれることになった。

新婚夫婦はエリゼ宮の2番目の住人だったポンパドール侯爵夫人が居間として使った部屋で新婚第一夜を迎えた。この夫婦はエリゼ宮の住人の中では最も夫婦仲が良かったと伝えられる。おかげで次々と子宝に恵まれたが、王位を継承できる男子にはなかなか恵まれなかった。第一子は女子だった。次に待望の男児が生まれたが、生後3日目に亡くなった。1818年9月に生まれた男児は死産。4人目も女児だった。1820年初頭、新たに妊娠の兆候があったマリ＝カロリーヌは今度こそと意気込み、2月13日夜に予定されていた舞踏会にもオペラ座にも行かずに家で静かに過ごすことにした。

外出好きでワルツに狂っていた彼女は夫にも、その日は不吉な数字の日だからどこにも行かずに家で過ごした方がいいと提案した。ところがこの夫婦は、オペラ座の催し物の評判があまりにも高いものだから、この夜も外出した。革命の洗礼を受けたにもかかわらず、当時の貴族の夜遊びが盛んだったことがうかがえる。

しかし、その夜、ベリー公は待望の跡継ぎを見ることなく、オペラ座で靴職人に刺殺された。ベリー公は、周囲からあまりにも王位を継承する男子の誕生を期待された結果、いつの間にか、旧貴族の王党派の中でも、ユルトラ（超王党派）になっていた。その結果、エリゼ宮はおのずと、「王よりも王党的」と呼ばれたユルトラのたまり場になり、ベリー公はそのリーダー格に目されていた。しかも、自由派の首相エリ・ドカーズとはウマが合わなかった。

ベリー公はエリゼ宮の住人の中で初めて、暗殺という非業の死を遂げた人物だ。

凡王シャルル10世

ところで、妻のマリ＝カロリーヌが、妊娠中でも医者の忠告を無視して夫と連れ立って絶えず外出していたのは、夫の浮気を監視するためだったともいわれる。夫の生存中は、流産の危険より嫉妬《しっと》心の方が打ち勝っていたこの若妻も、夫の死後は寛大になり、夫の愛人の娘を2人、養女にした。

ルイ18世も、この娘たちに伯爵夫人の称号を与えた。このうちのひとりは14歳で王家の一員のフォシニィ・ルサンジ王子と結婚した。第五共和制の3人目の大統領夫人としてエリゼ宮入りしたヴァレリー・ジスカールデスタン夫人は、この養女と王子の直系の子孫だ。

1815年8月の初の総選挙ではユルトラが圧勝したが、ユルトラの過激な動きに危機感を募らせたルイ18世は連合軍がフランス占領軍の縮小の条件として、議会解散を挙げていたこともあり、翌16年9月に議会を解散した。解散後の選挙では、今度はユルトラが敗北したことは前述したが、ユルトラの勢力の後退中に発生したのがベリー公の暗殺事件だった。

ユルトラにとっては絶好の反撃の機会だった。彼らはルイ18世に自由主義者の首相エリ・ドカーズの解任を迫り、内閣を解散させた。そして多額納税者に有利に選挙法を改正した後に実施された20年11月の選挙では、またしても、ユルトラが勝利した。

そうこうする中、ルイ18世が24年9月に死去した。王の弟でベリー公の父親アルトワ伯がシャルル10世（1757〜1836年）として即位した。シャルル10世は、ユルトラの指導者的存在でもあった。シャルル10世は66歳で王座に就いたが、年齢のわりには知恵もなければ生来の知性にも欠けていたと評される。革命前のアンシャン・レジーム（旧体制）しか夢見ないような凡庸《ぼんよう》な人物だった。「王権は神から与えられたものである」と本気で信じていたともいわれるが、王政復古が揺るぎない事実であることを誇示する意味もあって、戴冠式は代々の国王の即位を執り行なった仏北西部ランスの大寺院で行なわれた。

しかし、この荘厳な戴冠式も結局は、王の凡庸さを強調する結果になった。時代はすでに大きく変わっていた。亡命貴族の所有地に対して国庫が多額の賠償を行なう「亡命貴族の10億フラン法」の成立も、亡命貴族の要望受け入れというよりも、長年くすぶっていた土地問題を解消する結果になった。まず、ユルトラが反撃の根拠を断たれた。さらに、革命期に土地を取得した農民たちの所有権も正式に承認されたからだ。

ユルトラら王政復古派が推進した長子相続法案も、ブルジョア階級で占められた上院で否決された。さらに、国王がパリの国民軍の閲兵を行なった時には政府の新聞制限法に反対していた兵士たちから、「新聞の自由万歳！　内閣を倒せ！」などの罵声《ばせい》が飛んだ。

七月革命

怒った国王は国民軍を解散し、1827年11月には下院も解散した。さらに自由主義者やブルジョア階級を抑えるために1830年7月には「定期刊行物の自由」の停止や選挙法改定などを盛り込んだ「七月勅令《ちょくれい》」を発布し、9月の選挙実施を命じた。

しかし、かえって市民の反発を招き、かくて、「七月革命」が勃発《ぼっぱつ》した。パリ市庁舎やノートルダム寺院には三色旗がひるがえった。しかし、革命は3日で終わり、大銀行家ラフィットらがオルレアン公ルイ・フィリップ（1773〜1850年）をかつぎ出して七月王政が成立した。ルイ・フィリップは1789年の革命の時、「フィリップ平等」を名乗ったオルレアン公の長男だ。「フィリップ平等」はルイ16世の処刑に賛成したにもかかわらず結局は革命政府によって処刑された。

ルイ・フィリップは父親が処刑された後、欧州諸国を放浪し、イタリア・パレルモでナポリ王女と結婚。英国に一時亡命していたが、王政復古後、帰国して自由主義的反政府の中心人物になった。

こうした経歴の持ち主のため、ルイ・フィリップはシャルル10世よりは民主的であろう、というのがかつぎ出された理由だった。かくて傍流《ぼうりゅう》のオルレアン家が王座に就き、正統王位継承者のブルボン家が否定される結果となった。このことは実は、第三共和制誕生のきっかけになるなど、フランスの歴史に大きな影響を与えることになる。

こうした急激な政変の中で描かれたのが、ドラクロワ（1798〜1863年）の傑作「民衆を導く自由の女神」である。原題は単に「民衆を導く自由」だ。「自由」が女性名詞なので、ドラクロワは「自由」の化身として女性を描いたわけだ。ドラクロワは、《パリの街は怒濤《どとう》さかまく海のように、まなじりをあげた人々がさけび、古びた大砲の悲しいとどろきは、ラ・マルセイエーズの歌声にこたえた》と書いた詩人、ベランジェの作品などに触発されてこの傑作を一気に描いた。女神の左側に彼女を見上げている青いシャツの労働者が描かれているが、そのかたわらの、シルクハットをかぶり手に銃を持った男が一般的にドラクロワの自画像とされている。女性の右手にはピストルを持った少年がいるが、これがヴィクトル・ユゴーの『レ・ミゼラブル』にも登場するギャマン、当時のパリに多数いた浮浪児である。

フランス革命後の1798年に生まれたドラクロワが、「七月勅令」に強く反発したのは当然かもしれない。この作品を描いたのは32歳の時だ。日本でも「日本におけるフランス年」の主要行事として1999年に国立博物館で展示された。絵画の迫力から大型の絵画を想像しがちだが、原作はそれほど大きくはない。

極右の系譜

この作品は、翌年のサロン（新作美術展）に出品された。この時、この作品の前で立ち尽くしたドイツのロマン派の詩人ハイネ（1797〜1856年）は、「七月革命の真の姿が感知される」と述べて絶賛したといわれる。ハイネは「七月革命」の市民的自由にあこがれてフランスに移住して、フランス女性と結婚するが、祖国ドイツでは作品が反社会的ということで発禁処分になり、10年以上、フランス政府の扶助金を受けた。ハイネは晩年は脊髄《せきずい》を病み、貧困のうちに亡くなった。たった3日間の「七月革命」とドラクロワの作品は詩人の生涯に多大な影響を与えたことになる。「日本におけるフランス年」で、日本での展示にこの作品を推薦したのは大統領当時のシラクだ。シラクは保守本道の政治家だが、歴代大統領と同様に共和主義者であることに変わりはない。

2002年の大統領選の2回投票でシラクが極右政党・国民戦線(FN)の党首、ジャン＝マリ・ルペンを相手に82・21%の得票率で当選したのは、ひとえにフランスが共和国であるからだ。当時、オーストリアやイタリアなどでもフランスと同様に、高失業率や治安悪化などの現象を移民の増加と結びつけた極右が勢力を伸ばし、政府にも参加した。

フランスの政治学者ルネ・ルモン(2007年4月死去)は2002年当時、筆者とのインタビューに答えて、「フランスでは極右と保守の連立政権はありえない」と断言した。それはフランスがフランス革命に端を発した共和国であり、共和国を肯定する右派と否定する極右との間には、「絶対に埋めることのできない深い溝があるからだ」と指摘した。

極右の歴史もフランス革命と同時に誕生した。ただし、革命を否定する立場、つまり民主的社会に反対し、絶対王制を主張しての誕生だった。その後、極右はある時は歴史の陰に隠れ、ある時は歴史の表面に登場して現在に至っている。18〜19世紀には、政治学者のジョセフ＝マリ・メーストルやルイ＝ガブリエル＝アムボワーズ・ボナルドが絶対王政と教皇制による国家主義の哲学を説いた。

19世紀末にはドイツへの脅威から外国排斥《はいせき》と愛国主義の傾向が強まり、「ドイツへの復《ふく》讐《しゅう》将軍」と呼ばれるブーランジェ将軍が登場し、一時はエリゼ宮の住人候補にもなった。

20世紀には反民主主義、反ユダヤ主義を主張する超国家主義者の政治評論家シャルル・モラスが政治結社「アクション・フランセーズ」を結成。世界不況と第一次世界大戦の戦雲という不安定な社会の中で大きな影響を残した。「アクション・フランセーズ」は第二次世界大戦中のヴィシー政府の誕生を許す下地にもなった。戦後はジャン＝マリ・ルペンも一時、所属したプジャード運動がある。ルペンは1956年の総選挙で同運動が母体の党から出馬して当選している。

ルペンが74年の大統領選で初出馬した時の得票率は0・74％で1回投票で敗退した。しかしミッテラン長期左派政権時代に徐々に得票率を伸ばし、84年の欧州議会選挙では約11％、95年の大統領選では約15％だった。極右が勢力を伸ばすのは社会や経済が不安定で、体制への不満、反感が底流にある時といえる。

2007年の大統領選では10％台に転落。総選挙でも、1議席もとれず、ナチスのガス室の存在を否定する極右への不信感は、国民の間で根強いことが実証された。2017年の大統領選では、三女のマリーヌ・ルペンが治安悪化や移民増大を背景に「反欧州」を掲げて決選投票に進出したことは、前述したとおりだ。

最後の「フランス王」

ルイ18世の後継者を出産すべくエリゼ宮で絶えず妊娠していたベリー公の少女妻、マリ=カロリーヌは、超王党派の夫が暗殺された後、突如、変貌《へんぼう》して周囲を驚かせた。1830年の七月革命ではロンドンへの亡命を余儀なくされたが、亡命先では夫の遺志を継いでブルボン王朝の復興を画策した。イタリアに渡って準備を整え、「ふくろう党員」(18世紀末に活躍した反革命王党員)よろしく変装して南フランスに上陸した。

フランス中西部のヴァンデに行き、農民を動員するのにも成功した。ヴァンデはフランス革命時にルイ16世や王妃マリー=アントワネットが逃亡して捕らえられた王党派にとっては因縁の地だ。政府軍相手に果敢に戦ったが多勢に無勢で、あっさり敗北。1832年11月にヴァンデ近くのナントに潜んでいたところを逮捕された。そして刑務所でまたしても女子を出産した。エリゼ宮時代の医師は、かつての女主人の獄中妊娠を知ってパリから駆けつけたが、環境の激変ぶりに涙に暮れながら出産に立ち会った。未亡人の彼女が産んだこの女子の父親は永久に不明だ。

ところで、彼女が夫の亡き後、ベリー公の遺児としてエリゼ宮で1820年9月29日に出産した待望の男子こそ、フランス王朝の正統継承者のシャンボール伯爵である。この王子の生涯は、あまりにも良いことの少ない一生だった。父親が暗殺された後に誕生したために、「奇跡の子」と呼ばれて周囲から溺愛され、順調に成長したかにみえた。だが1830年、9歳の時に起きた七月革命でフランスを追放され、プラハで亡命生活を送った。オルレアン公ルイ・フィリップの即位に反対するブルボン王朝正統派によって「アンリ5世」の称号を与えられ、王位要求者となる。ところが七月革命から43年後の1873年、シャンボール伯は王政復古の歴史的機会を自らつぶしてしまった。

ライバルのオルレアン家当主パリ伯爵は、彼を公式にフランス王と認めたにもかかわらず、オーストリアの田舎での長い亡命生活ですっかり現実感覚を失っていたのだろう。生来の強情な性格も加わってパリ伯が同意していたフランス国旗、つまり共和派の三色旗を認めなかった。フランス王朝の「白百合の花の旗」すなわち、「白い旗」にあまりにも固《こ》執《しつ》した。

シャンボール伯は、「私は革命を継承する国王となることを望まない」と述べた。妥協や多少の犠牲は払うべきだと助言する正統王党支持者に対しても、「私は払うべき犠牲も受け入れるべき条件も持ち合わせていない」と答えた。

かくて、ブルボン家とオルレアン家の合意の機会は永遠に去った。３度目の王政復古はならず、フランスの王朝は最終的に幕を閉じた。

フランス王朝を救済するどころか、決定的幕引き役を演じるという皮肉な運命だった。生家のエリゼ宮が第三共和制時代に共和国大統領府になったことも、歴史の皮肉を感じさせる。

ユゴーの嘆き

シャルル10世が１８３０年8月2日に「七月革命」で退位して英国に亡命したのち、同月９日に銀行家などにかつがれたオルレアン公の長男ルイ・フィリップが「フランスの王」になり、七月王政が始まった。

ヴィクトル・ユゴー（１８０２〜85年）は8月１日、「この世紀には偉人が１人と偉大なものが１つだけあった。ナポレオンと自由である。偉人がいなければせめて偉大なものがほしい」と書き、1週間後の9日に即位するルイ・フィリップと七月王政への失望を露《あら》わにした。

ユゴーは『レ・ミゼラブル』や『ノートルダム・ド・パリ』の文豪として日本では知られているが、父がナポレオン・ボナパルトの将軍だったこともあり、「革命の子」でもあるナポレオンを崇拝していた。ユゴーは文豪であるのと同時に、共和主義の政治家としての功績がフランスでは高く評価されている。

そして共和制への燃えるような希求から1845年には上院議員となり、七月王政への一大反政権運動の頂点となった1848年の二月革命にも参加。憲法制定議会議員および立法議会議員となり、一時はナポレオンの甥《おい》のルイ・ナポレオンにも期待を寄せた。しかし、ルイ・ナポレオンのナポレオン3世就任のクーデタを激しく弾劾した結果、ブリュッセルや英ジャージー島、ガーンジ島での19年間の亡命生活を余儀なくされる。

この亡命生活中に執筆したのが、ルイ・ナポレオンへの失望感を記した『小人ナポレオン』をはじめ『懲罰詩集』や『レ・ミゼラブル』だ。『レ・ミゼラブル』が亡命先のベルギーで発売された直後の1862年4月7日に日本の初の公式欧州派遣団「遣欧使節団」がパリに到着した。使節団の翻訳方、福澤諭吉はパリで聞いた「ハウス・ヲフ・コムマン」、すなわち共和主義（民主主義）の影響を強く受けたことで、啓蒙思想家と言われるようになった。

ユゴーは第三共和制誕生で帰国し、再度、上院議員に選出される。ユゴーの名が、パリはもとより仏全国に町名、それも大半は目抜き通りに冠されているのは、フランス国民が終始一貫して変わらぬ共和主義者としてのユゴーを崇拝しているからだ。

ところで第五共和制の生みの親、シャルル・ドゴールの父、アンリ・ドゴールは二月革命の年に生まれ、ブルボン家の王位継承を支持する正統王朝派だった。

ドゴール家の男子は代々、「剣と衣」すなわち軍人貴族か法衣貴族の文武両面で国家に奉仕しており、教育者だったアンリ自身は友人に「嘆きの君主制擁護派」を自称した。

一方、北部の大ブルジョア階級の出身だった母親のジャンヌは熱心なカトリック教徒で、自分の息子4人が全員、成人して共和主義者、つまり非宗教の支持者になったことを嘆いたといわれる。

ドゴール家は19世紀末から20世紀にかけてのフランスの指導階級の典型といえるが、こうした階級には、アンリのようにブルボン家支持者が多かった。

これは、オルレアン家出身のルイ・フィリップの王位継承の仕方が、銀行家に祭り上げられて就任したといううさん臭い背景に加え、ルイ・フィリップの人柄にもよるようだ。

19世紀の政治学者トクビルはルイ・フィリップについて、容赦《ようしゃ》のない人物評を残している。

「この君主はヨーロッパで最も高貴な血筋から出ており、心の底にはその血筋についての先祖伝来の高邁な心を隠しているにもかかわらず、社会の下の階層に属している者が持つ素質や欠点のほとんどのものを備えていた」

相手かまわず極端に丁重なところは、君主というより商人にふさわしい態度で、「文学にも芸術にもまったく目をむけることなく」「熱愛するのは産業であった」。

革命の「赤と黒」

トクビルは、1789年のフランス革命から1830年の七月革命までの41年間を、全体として見た所感をこう記している。

「アンシャン・レジームの伝統、思い出、希望、また貴族階級を象徴する人たちなどと、中産階級に導かれた新しいフランスとの間で、激しく展開された闘争を描いた絵画のように見える」

そのうえで、七月革命をもってフランス革命の時代が終結したとの見方を示した。さらに、ルイ・フィリップこそ、この革命後の時代の無気力状態や腐敗と密着した「悪徳」が増大するのに貢献した「病を死へと導く災難のようなものだった」と断罪した。

トクビルの「七月王政」に関する批判は極めて厳しく、「すべての活動が、株主に配当されることになる利潤の観点から処理される産業社会のやり方を踏襲」していると指摘。ルイ・フィリップの持つ欠陥とその時代の欠陥には類似性があるとして、極端な産業社会のあり方にも疑問を呈している。

一方、スタンダールは、七月革命の結果について、「銀行が国家の頂点に立っている。ブルジョアジーがサンジェルマン街の貴族に取って代わって事態を支配し、銀行家はブルジョア階級の貴族になった」と指摘した。

そして代表作『赤と黒』の中でスタンダールは、主人公のジュリアン・ソレルにナポレオンへの追憶《ついおく》の思いを重ねている。確かに、フランスを牛耳っていたのは「パリの王様」とか「王の銀行家」といわれたジャック・ラフィット（1767〜1844年）だった。

産業革命を経過して近代社会を築いた英国と異なり、フランスは、現在に至るまで国家のあり方にこだわってきた。それは、フランス大革命の理念があり、その「革命の子」として、革命の理念をヨーロッパに伝えてヨーロッパの指導者たらんとしたナポレオンの伝統に、忠実であるからかもしれない。

さて、国民の不満を解消しようと七月王政期の首相を務めたギゾーやティエールらは必死で政府を支えようとするが、政治家で詩人でもあったラマルティーヌ（1790〜1869年）が指摘したように、フランス国民は退屈し、共和制に、あるいはナポレオン時代の帝政に、ノスタルジーを感じ始めていた。またしても、革命の足音が刻々と近づいていた。

それにしても、1789年の革命から3度目となる1848年の二月革命のころともなると、フランス人の革命を行なう時の手際良さはプロ並みになっていた。

二月革命の目撃者であり当事者でもあるトクビルは、感に堪《た》えないように、こう記述している。

「人々はバリケードに最後の石を積んでいた。これらのバリケードは巧みに少人数で築かれ、その人々は大変、小まめに働いていて、現行犯で逮捕されるのを恐れてあわてている罪人のような様子ではなく、自分の仕事をすばやく立派に片付けようとしている善良な労働者の姿を思わせるものがあった」

このパリっ子に代表されるフランス人のストやデモ慣れは、現在にも脈々と息づいている。ストやデモの用意をする時の彼らのなんと、生き生きとしていることか。

二月革命

エリゼ宮で生まれた「奇跡の子」シャンボール伯爵が七月革命によってプラハに放逐《ほうちく》された後、エリゼ宮の所有者になったのが、悪評高い第二次王政復古の主ルイ・フィリップである。

エリゼ宮には叔母のルイーズ＝バチルドも住んでいたので、彼が使うことになるのは当然のなりゆきだった。ルイ・フィリップは自らはブルボン宮、当時は国民議会（下院）となっていた館に居住し、エリゼ宮を迎賓館として使用した。

ところが、1848年の二月革命でルイ・フィリップが退位に署名し、第二共和制が開始すると、エリゼ宮はまたしても改名し、「エリゼーナショナル」と呼ばれた。フランス革命でエリゼ宮を放逐された叔母と同じような運命を、甥《おい》もたどったことになる。

そして、二月革命の結果、普通選挙制度が布告され21歳以上の全成年男子に参政権が認められた。言論、出版、集会・結社の自由や政治犯の死刑廃止、植民地の奴隷解放も宣言された。エリゼ宮では同年4月1日にチャリティー舞踏会が開催された記録がある。同月には「全国寄付委員会」がエリゼ宮に結成され、政治家で詩人のラマルティーヌらが委員に名をつらね、さまざまな寄付を集めた。

ある詩人が、「市民労働者」として1編の詩を委員会にささげた。この詩人こそ30年以上もあとになって書いた革命歌「インターナショナル」で後世に名を残すウジェーヌ・ポティエだ。1848年4月23日、ナポレオン以来の普通選挙が行なわれた。エリゼ宮でのチャリティー舞踏会はあるいは、一種の選挙キャンペーンであったのかもしれない。この選挙で、900人の議員中、ナショナル派が約500人で王党派が約300人を占めた。ラマルティーヌらのいわゆるブルジョア共和派の圧勝だった。しかし経済の危機的状況はますます悪化し、5月には労働者による反乱事件が、6月には暴動が発生し、戒厳令が敷かれた。

エリゼ宮の方はその年の夏、またしても一般に公開され、音楽会が開かれ、花火が上げられた。9月には当時の新進作曲家のベルリオーズらが主体となった委員会が結成され、コンサートが開催された。しかし、あの商売熱心なオーブン夫妻が失敗したように、今回もエリゼ宮の「民主化計画」の試みはまたしても失敗した。

秋風が身にしみるころ、「エリゼーナショナル」は閉鎖の憂き目を見た。一部議員はここにルーヴル美術館の図書部門の移転を提案したが否決された。政局の方は10月になってやっと戒厳令が解除され、11月4日には憲法制定議会が「1848年憲法」を採決した。

新憲法には自由、平等、博愛がうたわれ、家族、労働、財産、公共の秩序を基礎とする民主的共和国が規定された。そして1848年12月12日、国民議会はついに、「エリゼーナショナル」を国家元首の公邸とすることを定めた政令を採択する。

ルイ・ナポレオン登場

1848年12月20日のイラスト入り新聞『リリュストラシオン』は1面トップで、新大統領、ルイ・ナポレオンがエリゼ宮入りするニュースを報じている。33年前のエリゼ宮で、伯父ナポレオン・ボナパルトがワーテルローの戦いに出発する前夜、夕食の席で涙をいっぱい浮かべて「戦争に行かないで！　同盟軍にきっと殺されてしまう！」と哀願した7歳の少年は今や、あまり風采《ふうさい》の上がらない小太りの中年男になっていた。同年2月の革命で共和制が復活した結果、新憲法の規定にしたがい、12月10日に実施された共和国大統領選挙で、ルイ・ナポレオンは過半数の375万票をはるかに上回る約540万票、得票率74％を獲得して当選した。詩人のラマルティーヌも出馬したが約8000票の得票にすぎなかった。ラマルティーヌは、「あの名前には、とても勝てない」と敗北の弁を述べ、「ナポレオン」という名前の威光の強さを強調した。

ルイ・ナポレオンの得票率74％は長年、破られず、永遠に破られないと信じられていた。これを破ったのが、2002年の再選を狙った大統領選でシラクが極右政党・国民戦線のルペン党首を相手に獲得した82・21％だ。共和主義を支持する共産党から社会党、そして緑の党らがシラクに投票したからだ。1958年12月の、第五共和制初の大統領選でドゴールが78・51％を獲得したが、この時は直接選挙ではなく、議員など約8万人の選挙民による間接選挙だった。

新憲法でエリゼ宮を国家元首の公邸に決めたのは、代々の国王の居城だったテュイルリー宮殿に大統領が居住することで国王のように振る舞うことになるのを回避するのが第一の目的だったとされる。だが、この目的は新大統領の野望によって、3年後には潰《つい》えた。

もっとも、新大統領がエリゼ宮に到着した時、正面玄関に乗り付けた馬車は2頭立て馬車とはいえ、さえないランドー型（幌の前と後が別々に開き、向き合った座席を持つ）だった。この型の馬車は当時、辻馬車に使われていた。近衛兵も騎馬隊の出迎えもなかった。10日前の大勝利がウソのような寂しさだった。ルイ・ナポレオンは二月革命まではロンドンで亡命生活を送っていたので、本国での政治家としての活動は二月革命以後の1年にも満たなかった。

伯父の皇帝ナポレオン1世の没落後の人生は失敗続きだった。イタリアやドイツで亡命生活を送り、法王に対するロマニァ反乱に参加した。反乱が失敗するとフランスに逃亡。帝位回復を試みて、仏東部ストラスブールで反乱を起こしたが失敗してアメリカに追放された。その後、英国に移り、放蕩《ほうとう》生活で母オルタンスの遺産を3年で使い果たした。

1840年8月にナポレオンの遺骸《いがい》の帰還が議決された時、好機到来とばかりフランスに帰国し、英仏海峡に近い駐屯《ちゅうとん》部隊を蜂起させようとしたが失敗し、捕らえられて終身禁固刑になった。

6年間を刑務所で過ごした後、脱獄に成功してロンドンで暮らしていたが、二月革命による共和政府の成立後に一旦、帰国する。ところが逮捕のうわさがあったためロンドンに舞い戻った。6月の補欠選挙にはロンドンから立候補して選出されたが、議会からは失格とされた。ところが亡命者を許す亡命法が成立。6月の選挙で自信を得たこともあり9月の補欠選挙に立候補し、これにも当選した。この時、パリの開票場では「ナポレオン万歳!」の声があがったと伝えられる。

ボナパルトの幻影

大統領選でナポレオンの甥《おい》ルイ・ナポレオンに投票したのは、共和主義者はもとより、正統王朝派や民衆扇動家《せんどうか》たち、と分析されている。国民は当時、商業の衰退や戦争、社会主義への恐れを背景に共和制に懐疑的になっていたため、何らかの「王政のイメージ」を備えた人物に投票する風潮がみられた。こうした中で実施された大統領選では、「皇帝ナポレオン1世」の甥という肩書が断然、有利だったのは、まちがいない。

ルイ・ナポレオンは当選の翌々日の12月12日早朝、国民議会の壇上で、こう誓いの言葉を述べた。「単一不可分の民主的共和国への忠誠を誓う」と。この言葉を聞いた者は、ナポレオンが「ブリュメール十八日」のクーデタで述べた誓いの言葉、「単一不可分のフランス共和国への不可侵の忠誠」という言葉を想起したであろう。

この「単一不可分」という言葉は、アンシャン・レジーム（旧体制）を攻撃したフランス革命の指導者の1人シェイエス（1748〜1836年）が、革命直前に発表した「第三身分とは何か」で使った言葉である。ブルジョア革命の綱領《こうりよう》を述べたもので、全フランスに反響を巻き起こした。シェイエスは「代表される権利は単一かつ不可分である」と述べ、第三身分会議を国民議会に変更するように主張した。つまり、ナポレオンもルイ・ナポレオンも「単一不可分」を誓うことで、フランス革命に始まる共和制に忠実であることを確認したわけだ。

しかし、「単一不可分」とは同時に国民的統一も意味する。そして甥がこの伯父の言葉を引用したとき、そこにナショナリズムを基盤にしたフランス帝国の姿を描いていたとしても不思議ではない。ルイ・ナポレオンが大統領に就任した時から、第二帝政を目指していたといわれるゆえんでもある。

一方でルイ・ナポレオンは、「革命の子」である伯父の一面も引き継ごうとしたのは事実だ。終身禁固刑の判決でパリ郊外で獄中生活を送っていたころ、サン・シモン（1760〜1825年）、フーリエ、ミシュレ、キネーら思想家の本を読みあさったが、中でも社会学者のサン・シモンには強い影響を受けた。産業の再編成によって労働者階級を消滅させるという「貧困の絶滅」を、自ら執筆したほどだ。「ナポレオン的理念」という書物も著し、人民主権の原理を訴えている。

ただ、大統領に当選するまでのルイ・ナポレオンの半生は一見、「ばかげた行動」の連続だったので、彼の周囲の人間は友人も含めて大半が、ルイ・ナポレオンを「凡庸な人物」と判断していた。大統領に選んだのも、「自分たちの思いのままに利用でき、意のままに破壊することもゆるされる道具」としてだった。しかし、彼らは後に、自分たちの判断の甘さに気付くことになる。

貧相な晩餐会

1848年12月、ルイ・ナポレオンがエリゼ宮に到着した後、真っ先に訪れたのはもちろん、伯父ナポレオンが廃位を承諾して署名した「銀の間」だった。そこにはまだ、色あ

せてはいたが、あのナポレオンの記章である鷲《わし》を金糸で刺繍《ししゅう》したスミレ色のクッション
が残っていたといわれる。

だが、王政復古、七月革命、二月革命と目まぐるしい政変を経て、エリゼ宮はすっかり荒れ果てていた。割れたガラス窓は一時しのぎとして厚紙で覆われていた。ルイ・ナポレオンの副官フルリィ少佐の最初の仕事は、家具を取りそろえ、絨毯を整えることだった。

クリスマス・イブには、この荒れ果てた公邸で最初の晩餐会が開催された。フランス人にとっては今も、自宅に客を招待して夕食を饗することは単なる社交を越えた非常に重要な行事である。ミッテラン政権時代の最大の汚職事件である台湾へのフリゲート艦輸出を含む大手石油会社エルフ・アキテーヌ（事件当時は国有企業）にからむ汚職事件のヒロイン、クリスチーヌ・ドゥビエ・ジョンクールも、人脈獲得のための夕食会をさかんに行なったことを告白している。

彼女は、公共財産横領などで容疑をかけられた当時の外相ローラン・デュマ（起訴後、無罪）の女友達。告発本『共和国の娼婦』の中で、エルフ・アキテーヌの関係者や政治家らをいかに自宅の夕食会に招待して接待したか、あるいは前夫の就職活動でも、いかに頻繁に夕食会を開いて就職運動を行なったかを詳細に記している。

フランス人はよく、テレビやグラビア雑誌などに登場する政治家や大企業主、作家、哲

学者、有名ジャーナリストなどの名を挙げながら、自慢する。「彼（あるいは彼女）は家に夕食にきた」と。これはとりもなおさず、自分がどのくらい人脈とコネを持っているかを自慢していることにほかならない。

ましてフランスの国家元首ともなれば、晩餐会の開催は重要な政治、外交日程である。エリゼ宮では代々の大統領が、そこはグルメ大国フランスの名に恥じない豪勢な晩餐会を、外交活動の一環として頻繁に開いてきた。

この時、ルイ・ナポレオンが招待したのは約15人と少人数だったが、その中にはヴィクトル・ユゴーもいた。

ユゴーはこの夕食会の直後にこう記している。

「食卓を離れた時、まだ腹が空いていた」と。ちなみにユゴーは大食漢で知られるが、この時の食事は室内装飾同様に決して満足なものではなかったようだ。また、大統領がこう告白したとも記している。「一昨日、ここに到着した時には辛うじて横になれるマットレスがあっただけです」と。

ユゴーはナポレオンの崇拝者だったので、その甥《おい》のルイ・ナポレオンに最初は期待を寄せていたが、この晩の印象は決定的に悪かった。「彼はこの館の主人というより、むしろ途方に暮れた外国人に見えた」。以後、ユゴーはナポレオン3世を「小ナポレオン」と呼んで蔑視《べっし》した。

途方に暮れた大統領

実は国民の方も大統領以上に途方に暮れていた。

ルイ・ナポレオンがエリゼ宮で開いた最初の晩餐会に招待された15人ほどの客も、まず、大統領に対する敬称で悩んだ。

いったい、どう呼んだら良いのか。「モン・セニョール（王太子殿下、王族や皇族の尊称）」「ヴォトル・アルテス（王族の尊称）」「プランス（王家の男性親族）」など、それぞれが思い思いに呼んだ。ユゴー自身は、「プランス（王子、殿下）」と呼んだ、と書いている。

ユゴーはまた、共和国大統領の性格について「この突然の入居、このいろいろ試みられた名称、ブルジョア階級と共和主義、帝国主義との混合、今日では共和国大統領と呼ばれる根の深い物事のことを、私はいろいろ考えざるをえなかった」とも記している。

大文豪であり政治家でもあるユゴーのこの描写は、そのまま第二共和制の特徴ともいえた。ユゴーはこの夜、3年後に突然、第二帝政に突入した第二共和制のうさん臭さを、感じ取っていたのかもしれない。

この夜、エリゼ宮の控えの間にはルイ王朝時代風のスイス兵が鉾槍を持って控え、従僕はナポレオン1世時代の制服を着ていた。

それにしても、ルイ・ナポレオンは最初から皇帝の椅子《いす》を狙っていたのだろうか。伯父のナポレオンは数々の武勲を立てた末の皇帝就任だった。その夜の客の1人だったオーストリアの外交官が「公邸も主人同様に色あせていた」と容赦なく描写したように、ルイ・ナポレオンの方はエリゼ宮入り当初、とても皇帝を目指している人物には見えなかった。

大統領は首相に王朝反対派の指導者オディロン・バロ（1791〜1873年）を任命したが、バロはエリゼ宮での閣議の前に、自宅に閣僚を呼んで協議した後、閣僚を従えてエリゼ宮にやってきた。大統領は完全に無視されていた。

大統領は閣議でもほとんど発言することがなかったので、入閣を断った反ボナパルト派のルイ＝アドルフ・ティエール（1797〜1877年）などは陰で、「まぬけな劣等生」と呼んでいた。ティエールは1851年のルイ・ナポレオンによる帝政復活のクーデタで追放されたが、パリ・コミューンを生きのび、1871年に第三共和制の初代大統領に就任した。政治の世界を生き抜いたティエールが、風采《ふうさい》の上がらない独身男のルイ・ナポレオンを取るに足らない存在と見たのも当然だ。

ただ、ルイ・ナポレオンは胴が長く、足が短かったので、馬上の姿は立派だった。後に「馬上のサン・シモン」という綽名が付けられたほどだ。

ルイ・ナポレオンがサン・シモンの著作を獄中生活時代に愛読したことは前述した。サン・シモンはアメリカの独立戦争に義勇兵として参加し、フランス革命の恐怖時代に幽閉生活を送り、晩年は貧困のうちに生涯を終えた。不遇の時代にルイ・ナポレオンは、この社会主義者に自分の恵まれなかった半生を勝手に重ねて共感を抱いていたのだろうか。

快適な館に

ルイ・ナポレオンは第二共和制の大統領として1848年12月にエリゼ宮入りするや、

まず正門上に、「共和国大統領府」と書かれた門札を掲げた。

新大統領はロンドンでの亡命生活中に、英国式の「快適な生活」に感化されていた。エリゼ宮も、この「快適」を最優先に改造したほか、紅茶を飲む習慣や、ロッキングチェアも取り入れた。

大統領府と公邸という2つの機能を併せ持つ館としては手狭になったため、1850年から1852年にかけてエリゼ宮に隣接した2つの館も購入した。エリゼ宮の2階、母方の祖母のジョセフィーヌが使用していた部屋を自室にし、執務室には正門から見て1階左の奥の部屋を充てた。

現在、この部屋は「クレオパトラの間」と呼ばれている。クレオパトラとアントニウスがタルソスで初めて会ったシーンを描いた1763年製作のゴブラン織りのタペストリーが飾られているからだ。

閣議はこの部屋の裏側の庭園に面した「肖像の間」で行なった。この部屋の名前の由来は、エリゼ宮の初代の住人エヴリュ伯爵の時代から、なぜか家族の肖像画が飾られていたからだ。この部屋は通常、8人までの少人数の朝食会や昼食会に利用されている。賓客が晩餐会の前に大統領とアペリチフを飲むのもこの部屋だ。金の模様で縁取られた白色のボワズリ（板張り仕上げ）はエヴリュ伯爵の注文で1720～21年にかけて彫刻家のミシェル・ランジが仕上げたものだ。何度か修復を加えながらも、現在まで200年以上もエリゼ宮を彩ってきた。

この部屋に今でも、掲げられているのは、ルイ・ナポレオン時代にヨーロッパに君臨した8人の肖像画だ。オーストリアのフランソワ・ジョセフ、イタリア王のヴィットーリオ・エマヌエーレ2世、ロシア皇帝のニコライ1世、英国のヴィクトリア女王、プロイセンのフリードリヒ・ヴィルヘルム4世、スペインのイザベル女王、ルーマニアのカロル1世、ローマ法王のピウス9世だ。欧州連合（EU）の加盟国と照らし合わせると、欧州各国の栄枯盛衰がしのばれて興味深い。

ところで、ルイ・ナポレオンの多額の費用をかけたエリゼ宮大改造は、ジャーナリストや訪問客には大好評で迎えられた。ある記者は「大統領府は見分けがつかないほど変わった。共和制の壮麗さは君主制の思い出を圧倒した」と書いた。

ルイ・ナポレオンは就任1カ月後にエリゼ宮に1人の地方官を迎えた。パリ大改造の立役者、ジョルジュ・オスマン（1809〜1891年）である。入り組んだ路地を排除し、放射線状の大通りを出現させたこの「パリ大改造」は、パリを光あふれる明るい都市に変《へん》貌《ぼう》させ、印象派の到来を助けた。そもそもの発端は路地に陣取って行なわれる労働者や不満分子のデモや反乱を未然に防止することが目的だったともいわれる。

2人はこの後、21年間にわたって強固な協力関係を結ぶ。オスマンは第二帝政下でセーヌ県知事に出世し、男爵にもなった。パリ大改造でパリ市の負債が巨額に達したため辞任したが、第三共和制では代議士になった。

クーデタ

ルイ・ナポレオンは、いつから第2の「ブリュメール十八日」、つまり、皇帝となるクーデタの準備を開始したのだろう。いつごろから第二共和制の憲法第45条の「大統領の再選なし」の項目を無視し、大統領職を永遠の任期にするための画策を始めたのだろうか。彼には2つの選択しかなかったはずだ。憲法改正かクーデタだ。憲法改正が議会の拒否にあうことは目に見えており、事実、拒否された。

クーデタの決意を促した要因の1つに王政復古準備のニュースが挙げられている。父親とともにロンドンに亡命したルイ・フィリップの息子たちが帰国の準備をしているとのニュースに加え、パリの王統派がエリゼ宮に侵入して大統領を拘束し、パリ伯爵が国王を宣言するという計画も耳に入った。

ルイ・ナポレオンがこのニュースを聞いた時、どんな思いが去来しただろう。青年時代の約20年間、「ナポレオン」という名前と思い出だけを胸に反乱と陰謀を繰り返し、その末にやっと獲得した地位を維持するために、手段を選ばなかったとしても不思議はない。

大統領は1851年11月9日の閣議で戦争大臣を新たに任命し、600人の新任の将校をエリゼ宮に迎えて、宣言した。「危機発生の場合は、進軍せよ、私も行くと命じる代わりに、私は進軍する、私の後を追え、と命じる」。先頭に立って戦うことを確約することで、将校たちを感動させた。

かくて、ナポレオン崇拝が根強い軍隊や普通選挙廃止に不満な国民を中心に皇帝崇拝を募る一方、警視総監を更迭《こうてつ》して腹心を就任させるなどクーデタの準備を着々とすすめた。その結果、少なくともパリっ子たちは、ルイ・ナポレオンが近々に重大な決意を決行することをひそかに予感、というより期待していた節がある。

それを裏書きする逸話としてよく引用されるのが、小説家ジョルジュ・サンドの記述だ。彼女は娘と1851年12月1日夜半、エリゼ宮の前を通りながら「いつもの夜のように正門が閉まっている。歩哨《ほしょう》が見張りをしている。館の明かりはまったく消えている」

のを見る。そして「まだ、あしたではなさそうね」と言う。

ところが内部ではこの時、ルイ・ナポレオンが表紙に一言、「ルビコン」と書いた書類を取り出し、「1851年12月2日、エリゼ宮で」と書き入れ、署名をしていた。それは、2日夜明けに議会を解散して、廃止されていた普通選挙の実施を布告する書類だった。

これに先立ち、午前2時にはティエールら反対派の議員や王統派の将軍らが逮捕され、クーデタが決行された。午前5時に起床したルイ・ナポレオンは何事もなかったかのように部屋着のまま朝食を取った。正午前に老いたナポレオンの弟ジェローム元帥らを従え、乗馬でテュイルリー宮殿に向かった。

逮捕を免れたヴィクトル・ユゴーは穏健派の共和派の議員と会い、クーデタに抗議する宣言書を執筆。「ルイ・ナポレオンは反逆者である！　憲法を踏みにじった！」と指摘し、市街戦を呼びかけた。

皇帝の結婚

しかし、1851年12月2日のルイ・ナポレオンによるクーデタは成功し、ヴィクトル・ユゴーはベルギーに亡命した。4日間の市街戦では市民から多数の死傷者がでた。12月21、22日のクーデタの可否を問う国民投票も、748万対64万の圧倒的多数で承認された。翌年1月には大統領の任期を10年に延長し、権限も大幅に拡大する新憲法が発布された。同年11月20日、元老院が提案した皇帝推薦の可否を問う国民投票も783万対25万で承認された。クーデタ1周年の12月2日にナポレオン3世として帝位についたルイ・ナポレオンはその夜、初めて皇帝として伯父も過ごしたテュイルリー宮殿で眠りに就いた。

もっとも、エリゼ宮と縁を切ったわけではない。新皇帝は年が明けた53年1月12日、エリゼ宮で大舞踏会を催した。この時、話題をさらった女性が、スペインのウージェニー・ド・モンティホである。父はスペインの貴族、母はアメリカ領事の娘だ。ウージェニーはこの時、27歳。金髪の優雅な美女だった。同20日に皇帝との結婚が発表され、22日にこの美しい婚約者は母親とともにエリゼ宮に移り住んだ。エリゼ宮には1週間にわたって皇帝からの贈り物である家具や宝石、花束などが運び込まれた。

同29日、祝砲が鳴り響く中、婚約者がテュイルリー宮殿に赴き、結婚式が挙行された。花嫁が正面玄関に登場した時、その優雅な姿と衣装を見た観衆の間に、感動と賛嘆のため息がさざ波のように広がった。少し青ざめた彼女はバラ色のサテンのイブニングに包まれ、そのイブニングを肩掛けが覆っていた。それがまた、なで肩の彼女をいっそう優雅に見せた。しかも当時の有名デザイナー、パルミィールがデザインした肩掛けは、ちりばめられた宝石で輝いていた。この宝石は皇帝が自ら選んだものだった。

ウージェニーはその後、パリの社交界の中心人物になり、オートクチュール(高級仕立て服)の祖とされるシャルル・フレデリック・ウォルトを庇護《ひご》し、パリの流行をリードした。ウージェニーが好んで着用した裾幅の広いスカートは、たちまち流行した。このスカートは偶然なのか、エリゼ宮の2代目の住人ポンパドール侯爵夫人のロココ時代に流行したものに似ていた。スカートに鯨のひげや銅線を使ったペチコート「クリノリン」が大流行した。かつてはクリン(馬毛)と麻(リン)が使われたので、こう呼ばれた。

ウージェニーがテュイルリー宮殿入りした後、エリゼ宮ではまたもや、改造工事が始まった。1階や2階のサロンの改造工事が開始され、新皇帝は「肖像画の間」の肖像画もさっさと取り換えた。ナポレオンの義弟ミュラはここにナポレオン一族の肖像画を掲げていたが、甥《おい》の方は欧州の同業者の肖像画を掲げたことは前述した。

第二共和制の外務大臣を務めたトクビルは、ルイ・ナポレオンについて、「表情を変えることのない外面をおしわけて、この人の心の中に入り込むことほど難しいことはない」と指摘した。トクビルはまた、口ひげの先を針金のようにピンと細くとがらせたうえにひねるという滑稽《こっけい》な外見から周囲が勝手に判断するよりも「彼はずっと優れた人物だった」とも述べている。

豪華と気品

エリゼ宮の正門に向かって右の1階には、現在、「ナポレオン3世の間」と呼ばれる部屋がある。シラク時代まで主として、欧州連合（EU）加盟国の首脳をはじめ、2国間会議などの重要会議に使われていた。皇帝となったナポレオン3世が国民の支持を得るために積極外交を展開し、インドシナ、中東、アフリカなどで植民地を拡大し、英国とともにフランス大帝国時代を築くなど派手な外交政策を展開したことを考えれば、この部屋が現在、外交の舞台として使われることも、故なきことではない。

一方で、ナポレオン3世は内政を安定させるため、皇帝になる以前のルイ・ナポレオン時代から、盛んにエリゼ宮でレセプションを開いた。主として王党派を懐柔する策だったとみられているが、あるいは、皇帝になる野心を隠すためだったのかもしれない。

レセプションの費用は一晩で約6000フランとの記録もあるが、これは当時の公務員の平均歳費とほぼ同額だ。ルイ・ナポレオンが大統領に就任後4カ月間で使った費用は、ルイ・フィリップが17年間で使った額に相当した。議会が1851年2月、エリゼ宮の経費、180万フランの請求を拒否した記録が残されている。

「ナポレオン3世の間」は、1860年にお抱え建築家ラクロワの指導で舞踏会の広間として工事が開始されたが、このころが彼の絶頂期だったかもしれない。

金箔《きんぱく》がきらめく大型のシャンデリアや白い大理石、金縁のピラストル（壁の一部から張り出している付け柱）など絢爛《けんらん》豪華な中に気品と瀟洒《しょうしゃ》な雰囲気が漂う部屋からは、第二帝政時代の「フランス大帝国」の誇りもうかがえる。現在も、家具や室内装飾のアンティークの分野で、「ナポレオン3世時代式」は人気が高い。

ナポレオン3世は、至る所に伯父と自分の頭文字の「N」と妻の「E」を彫り込んだ。ドゴールやミッテランが執務室として使い、シラク以降も歴代の大統領が使っている「金の間」にはまばゆい白大理石の暖炉が設置されているが、この暖炉にも「N」が刻まれている。部屋には、ウージェニーの趣味を反映してルイ16世時代を模した瀟洒な金縁のブロンズのカリアティード（女像柱）もある。

「ナポレオン3世の間」が完成したのは結局、第三共和制2代目の大統領、パトリス・マクマオン（1808～93年）の時代だった。その結果、天井の四隅にはナポレオン1世と3世の記章である鷲と同時に、「フランス共和国」の略字「RF」がオリーブと樫の葉に囲まれて刻まれている。

2つの体制を象徴するそれぞれの記章が1つの部屋に同居しているところは、エリゼ宮が王政、共和制、王政復古、帝政、そして共和制と目まぐるしく変わったフランスの体制の主要舞台だったことをみごとに物語っている。

大統領の報道官

この「ナポレオン3世の間」は、「冬の庭」と呼ばれるサンルームに通じ、その先にエリゼ宮最大の部屋「祝祭の間」がある。

サンルームは、陽が差す日は冬でも汗ばむくらい暑い。シラク大統領の報道官を1995年から9年間務めたカトリーヌ・コロナは、主要国首脳会議（サミット）はもとより、欧州連合（EU）首脳会議や北大西洋条約機構（NATO）首脳会議など重要な国際会議の前に、ここで記者団にブリーフィング（事情説明）を行なうのが常だった。

コロナは国立行政学院（ENA）出身のエリート官僚だ。外務省に入省後、駐米大使館勤務や本省での副報道官などを歴任後、シラク政権誕生時に39歳でエリゼ宮の報道官に抜《ばっ》擢《てき》された。シラクのエリゼ宮入りと同時に大統領府事務局長に就任したドミニク・ドビルパンとは、ワシントンで一緒だった。首相に就任したアラン・ジュペとは、ジュペが保革共存時代に外相（1993〜95年）を務めた時に、副報道官として仕えた。彼女の仕事ぶりに目をつけた2人がシラクに推薦したと伝えられる。

コロナはシラクに報道官就任を要請された時、「ご存じのように、私は（大統領選で）ジョスパン氏に投票しました」と述べて辞退したが、シラクは、「構わない」と述べたという。

コロナは2002年のシラク再選後も報道官を続投。04年10月に仏国立映画研究所所長に転出した後、05年6月の内閣改造で欧州問題担当相に就任。シラク政権の退陣とともに外務省に戻り、ユネスコ代表部大使、イタリア大使を歴任した。

エリゼ宮の報道官というのは、彼女に言わせると「フランスの公式な立場を正確無比に知る必要があり、同時に大統領の感覚や頭の中を理解して伝える精神科医のような能力も必要」という重責だ。

コロナはそれを9年間務め、しかも、うるさ型の多い内外記者団から「完璧無比」と評価された。コロナはシラクの1期終了時に辞任を申し出たが、シラクが彼女の希望を無視して手元から離さなかった。「勝ち戦のメンバーは変えない」というフランスの古来からの格言を尊重したほかに、余人をもって代え難い彼女の仕事ぶりを買っていたからだろう。

コロナは、「ハートはどちらかといえば左」だが、「大統領の政策には9年間すべて合意できた。欧州も反イラク戦も非宗教問題もすべて賛成だった。自分が反対だった問題を報道官として擁護したことは一度もない」と言明しており、幸せなコンビだったといえる。

報道官時代のメモはすべて破棄。「私が仕えたのは国家。それを個人的な目的に使うのは正しくない」と述べ、回想録の類を書くつもりもないことを表明した。仏政界には稀《まれ》な潔い決断だ。

逢い引き用の地下道

ところで、ナポレオン3世にはセンチメンタルな面があり、少年時代の思い出のあるエリゼ宮の「銀の間」や「名誉の階段」は建築家たちにいじらせなかった。「銀の間」は伯父ナポレオン1世がワーテルローの戦いに敗北後、廃位に署名した部屋だ。「名誉の階段」は伯母カロリーヌとその夫ミュラがエリゼ宮在住のころに設置された。どちらもナポレオン一家の思い出が詰まっている。

一方で、亡命先の英国式の生活習慣も愛した。1855年の万博の際には、エリゼ宮を訪問したヴィクトリア女王と「ランチ」を取った。「ランチ」はたちまちパリっ子の流行語になったが、中には間違って「パンチ」と発音する労働者もいたという。

エリゼ宮の大改造工事が終了したのは1865年だった。新し物好きの家主を反映して、蓄電池使用のアーク灯が設置された。この新しく登場した照明が輝くレセプションで、当時のパリの最先端を行くデザイナー、ウォルフの衣装をまとったウージェニー后妃の姿はひときわ際立った。

1867年の万博の時には、エリゼ宮はロシアのアレクサンドル2世ら外国の賓客を迎える迎賓館の役割を果たした。しかしロシア皇帝はパリの街を散歩中、「ポーランド、万歳!」と叫ぶポーランド系移民から罵声《ばせい》を浴びたうえ、ブローニュの森では銃で狙われ、もう少しで暗殺されるところだった。

1870年に勃発《ぼっぱつ》した普仏戦争でフランスが敗北したのは、アレクサンドル2世が、この時の苦い思い出を決して忘れず、フランスに味方せずに中立を固持したからだとも指摘されている。この後、アレクサンドル2世は結局、祖国で暗殺されたので、フランス人の中には現在でも、暗殺は彼の運命だったのだから、フランスに味方しておけばよかったのに、となじる者もいる。

ナポレオン3世は大統領時代も結婚後も、そして皇帝就任後も、女性への興味は尽きなかった。エリゼ宮の改造工事の際、隣接するエリゼ通り18番地の屋敷に通じる地下道を、愛人との逢《あ》い引き用につくらせたといわれる。しかしエリゼ宮はこの点について常に、当然ながら確認を拒否している。

皇帝の側近が胸のボタン飾りにスミレの花を挿していれば、準備万端整ったという合図で、皇帝はこの地下道を通って美人の誉《ほま》れ高い愛人のメルシ・アルジャントゥ夫人に会いに行ったとか。

エリゼ宮にはこの時代、オーストリアのフランソワ・ジョセフ皇帝をはじめ、スウェーデンのオスカー王、英国皇太子、オランダのソフィ女王、エジプトのイズマイル・パシャ副王など世界中から賓客が集まり、外交の中心舞台となった。ヒツジ肉しか食さないオスマン・トルコ帝国の第32代スルタン、アブドゥル・アジズが訪仏した時は、エリゼ通りの小さな館の地下を臨時の食肉処理場にしたという。

1999年10月にイランのハタミ大統領が公式訪問した時には、こうしたメニューの問題を避けるため、慣例の晩餐《ばんさん》会は開催されず、立食パーティーが開かれた。当初の訪問時期は同年4月だったが、同国で禁止されているアルコールを晩餐会で出すか否かをめぐって調整がつかず、半年延期になった末の決断だ。

第二帝政の崩壊

ナポレオン3世は外交を売り物にしたが、人は、えてして自分の得意の分野で失敗するといわれる。植民地拡大に努めたが1867年のメキシコ干渉に失敗した上、69年にはボナパルト党も選挙で敗北した。ドイツの統一に直面し、ビスマルク（1815〜98年）と対立して70年7月に普仏戦争が勃発《ぼっぱつ》した。そして、同年9月のセダンの戦いでフランスは歴史的敗北を喫し、ナポレオン3世は捕虜になり、国民議会で退位も決まった。かくて第二帝政は崩壊した。一方でドイツは統一し、ビスマルクがドイツ帝国初代宰相となった。ナポレオン3世はルイ・ナポレオンに戻り、またしても英国に亡命して、73年1月に同国で没した。エリゼ宮も栄華の極みからどん底に突き落とされ、家主をまたもや失った。

第二帝政時代の賓客に代わって、エリゼ宮にやって来たのは普仏戦争の勝者プロイセン軍だった。彼らがパリに入城する3週間前、仏軍の第1戦闘部隊がエリゼ宮から出兵したが、敗軍の将となり銃殺されるクレモン・トマス将軍の従卒は出発前に、寒さのあまりエリゼ宮の家具を燃やして暖を取った。仏軍の士気は戦闘前からすでに落ちていた証拠だ。

一方で、プロイセン軍の猛烈な攻撃を受けたパリ市民が、「ネズミのパイ（ネズミの肉で作ったパイ）」で飢えをしのいだ逸話もよく知られている。

71年1月にプロイセン軍が占領するヴェルサイユ宮殿でドイツ帝国誕生が高らかに宣言され、同月には休戦条約が結ばれた。講和条約を審議する国民議会の選挙が行なわれ、予測に反して王党派が勝利した。戦争で耕地を荒らされた農民が、利害の一致する地主や大ブルジョアが支持する王党派を選んだからだ。当時の人口の半数以上は農民だった。

その後、議会は4年間も誰が王位に就くべきかをめぐって、際限のない議論を続けた。王党派議員はまず、ブルボン家の正統王位継承者で子供のいない53歳のシャンボール伯を王位に就かせ、次にルイ・フィリップの孫で、35歳と若いオルレアン家のパリ伯を王位に就かせるべく画策した。

ところがシャンボール伯が王家の伝統の白旗に固執したため、この計画が挫折したことは前述した通りだ。ナポレオンを懐かしむ帝政派も少なくなかった。「王座は1つしかない。3人が一緒に座るわけにはいかない」と、こうした状況をいみじくも指摘したのは、エリゼ宮の新しい住人候補、ルイ＝アドルフ・ティエールだった。1871年に彼がエリゼ宮入りした時の正式な肩書は「臨時政権首班」だった。2月に国民議会がフランス南西部ボルドーに招集された。共和制か王政かなど新政体や憲法を決める前にまず自分たちのトップを決めることにし、彼が選出されたのだ。
ティエールがエリゼ宮入りした時は、74歳の高齢になっていた。

あらゆる政府形態

ティエールにとって、この「臨時政権首班」というあいまいな肩書は、しかし、待ちに待ったトップの座を意味した。

ティエールはルイ16世がギロチン台の露と消えた1793年以降、フランスが実施した「考え得るありとあらゆる政府形態」を身をもって体験してきた生き証人だった。その点が前任者とは大いに異なった。ルイ・フィリップもルイ・ナポレオンも亡命帰りで、フランスの国内事情には通じていなかったのに対し、ティエールが目撃したのはまさにフランスの激動の時代だった。革命で誕生した第一共和制がロベスピエールの恐怖政治で頂点に達し、総裁政府の下で立憲共和制が誕生して99年のナポレオン・ボナパルトの第一執政就任まで続いた。

1804年から14年まではナポレオン1世の第一帝政、14年から30年まではルイ18世とシャルル10世によるブルボン王朝の王政復古と、ナポレオンによる百日天下。そして30年から48年までのルイ・フィリップによるオルレアン家系のブルジョア王政、48年から52年までの第二共和制、52年から70年までのナポレオン3世による第二帝政と目まぐるしい。ティエールが最初に注目されたのはフランス革命に対する自由主義的立場のジャーナリスト兼弁護士兼歴史家としてだった。もっとも「歴史を書くより歴史を作る方が好き」といわれ、早々に政治家に転じた。オルレアン家を支持したものの外交をめぐってルイ・フィリップと対立。反政府に転じて二月革命の実現に努めたが、ナポレオン3世には追放された。ナポレオン3世の失脚後、ドイツとの休戦条約の交渉に加わり、そして「臨時政権首班」の地位を獲得した。

こうした体験によって、彼は政治家としての実務と勘を身につけていった。王党派内部の対立が調整不能と悟るや、政体の決定は平和の回復後という「ボルドー条約」を議会に承認させ、戦後処理を優先したのも、その一例だ。

フランスにとって、アルザス・ロレーヌ地方の割譲《かつじよう》と50億フランの賠償金支払いは過酷だった。しかし、ティエールは賠償金問題は国債募集で解消し、今やプロイセンからドイツに名前を変えた占領軍から期限前撤退を取り付けるのにも成功した。もっともこの講和条約は極めて不人気だった。ドイツとの休戦に反対したガンベッタは、軽気球に乗って劇的なパリ脱出に成功してスペインに亡命。他の亡命議員らと議会に辞表をたたきつけた。

3月1日、講和条約に基づいてドイツ軍がパリに入城したとき、シャンゼリゼ大通りからはパリ市民の姿が消えていた。パリ市民のこの無言の抗議の中、ドイツ軍は無人の大通りを行進した。

それから約70年後の1940年初夏、第二次世界大戦で休戦条約を結んだドイツ軍も意気揚々とシャンゼリゼ大通りを行進したが、4年後にはドイツ軍に代わって、レジスタンスを率いたドゴール将軍が凱旋行進をした。100年の間に3度交戦したフランスとドイツだが、第二次世界大戦後は欧州統合を目指す2頭馬車として、牽引《けんいん》力の役を果たしている。両国の歴史を振り返った時、歴史における真の冒険とは何かを考えさせられる。

パリ・コミューン

ドイツ軍のパリ入城直後の1871年3月18日に始まったパリ・コミューンは72日間の短命で終わったが、フランス国民の抵抗と革命気質の集約とも言える。コミューン派の新聞『人民の叫び』は、「想念と共和国の婚礼」と熱狂して報道した。一方で、ジャーナリストのマキシム・デュ・シャンは「社会的癇癪《かんしやく》の危機」と批判した。彼は『ボヴァリー夫人』の作者フローベールの友人だ。

いずれにせよ、パリ市民は、ボルドーに一時移転していた政府が帰還した時、ルイ王朝の思い出が強い保守的な土地ヴェルサイユに政府を構えたことに、裏切られた思いをつのらせた。なにしろ、「ネズミのパイ」をかじって生き延びたのだ。特に命を張って戦った国民軍の間には、徹底抗戦の機運が高まっていた。

この時、彼らに、1792年の祖国防衛戦争の勝利の思い出が蘇っても不思議はない。政府の弱腰を監視しようと、20区あるパリの全区に監視委員会が結成された。市民と国民軍による反政府の感情は、政府が国民軍の武装解除命令を出した時に頂点に達した。

1871年3月18日の未明、ついに政府の正規軍と国民軍が戦闘を開始した。もっとも、正規軍の兵士たちの中にも市民に味方したものが多数いた。正規軍が差し押さえを命じた国民軍の大砲は市民の拠出金で作られたものだったので、市民に返すべきだという意見が多かった。

「臨時政権首班」のティエールは政府と軍にパリ放棄を命じ、自分もヴェルサイユに逃走した。

画家のギュスタフ・クールベ（1819〜1877年）はパリ・コミューンを指導した1人だ。クールベは芸術家連盟の創設も担い、その長に就任した。しかし、コミューンが終わった時、バンドーム広場の塔を破壊した罪で禁固6カ月の有罪判決が下された。頂上にナポレオンの銅像が設置された43・5メートルのこの塔は、アウステルリッツの戦勝記念として、戦利品の青銅砲砲身1200門を鋳つぶして1810年に建てられたものだ。破壊に関してはこんな布告を出していた。「バンドーム広場の帝国主義の塔は野蛮の象徴だ。粗野な力の偽の栄光、軍国主義、国際法の否定、敗者への勝者の永久の侮辱だ。共和国の3つの原則の1つ、友愛の精神に反する。よって塔は破壊する」と。クールベはその後、追放され、スイスで死去した。

リアリズムを標榜《ひょうぼう》し、市民の生活や身の回りの事物に絵の素材を求めたクールベの傑作「世界の始まり」は現在、オルセー美術館に展示されている。女性の裸体を詳細に描いた作品の前には、なぜか、常に好奇心丸出しの日本の男性観光客が群れをなしており、日本女性たちは同胞として恥ずかしい思いをさせられている。

パリ・コミューンは、普及途上にあったカメラがとらえた初の歴史的大イベントでもあった。歴史書などによく掲載されているヴェルサイユで銃殺されたコミューンの兵士12人の死体の写真など、生々しい写真が多数残されている。この12人の兵士の写真は、4月26日付の新聞『国民の目覚め』に掲載されたものだ。バンドーム広場の塔が引き倒された時の写真もあり、銅像の首は地面に落ちた衝撃で切れている。塔は1874年に復元され、現在に至っている。

血に染まるセーヌ川

これらの写真を見ていると、フランス人の中に住み着いた「革命の思い出」という言葉が言葉以上の力をもって迫ってくる。

1871年3月18日の反乱開始から28日のコミューン成立宣言。5月21日の政府軍のパリ入城から28日まで続いた「血の1週間と呼ばれる」凄惨《せいさん》な内戦――写真には、石畳がはがされバリケードが築かれた道路で銃や大砲を使う政府軍兵士が写っている。テュイルリー宮殿は一部ががれきと化し、廃墟のようだ。

この時、エリゼ宮の方は内部は荒らされたが破壊は免れた。

凱旋門の向こう側のグラン・アルメ大通りの終点ポルト・マイヨ広場には、臨時の処刑場が設けられた。犠牲者の血でセーヌ川は真っ赤に染まったという。市民の死者約2万人。約4万人が逮捕され、軍事裁判による死刑判決は270人。強制労働が410人、禁固刑が約4000人、流刑が約3500人だった。

カール・マルクスが著書『フランスの内乱』で「労働者のパリは、そのコミューンとともに、新社会の光栄ある先駆者として永久にたたえられるであろう」と述べたこともあり、パリ・コミューンは「歴史上、初の労働者政権」といわれている。

しかし、パリ・コミューンの実態はプロレタリア革命ではないという意見もある。労働者と小市民を突き動かしていたのは、フランス革命へのノスタルジーとナポレオン時代に生まれたナショナリズムだったという説だ。事実、マルクス主義を国際労働運動の指導原理とする第1インターナショナル派は、コミューン内では少数だった。その意味では、イデオロギーよりも愛国防衛的な側面を強くみせる、極めてフランス的革命だった。

超現実主義派の詩人アンドレ・ブルトンが一時、共産主義に接近した時「社会を変革せよ、とマルクスは言った。生活を変えろとランボオは言った。この2つのスローガンは私たちにとって、1つでしかない」と書いた結果、戦後の日本を一時、席巻した共産主義信奉者の進歩的文化人に大いなる誤解を与えもした。

常備軍の廃止や教育における政教分離など、パリ・コミューンは確かに社会主義的政権であったことは間違いない。しかし、実際には1792年の「思い出」に忠実な急進主義的なジャコバン主義者や暴力革命を説くブランキストが多数派を占めた。この多数派と第1インターナショナル派など少数派とが対立し、コミューンは内部から徐々に崩壊していった。

フランスは第二次世界大戦後、共産主義の脅威にさらされた。しかし、「クレムリンの長女」といわれるほどソ連に忠実なフランス共産党も、得票率は戦後第1回の総選挙での約30%が最高で、その後は下落の一途をたどった。

もっとも、1989年11月のベルリンの壁崩壊後、ユーロコミュニズムの牙城だったイタリアなど欧州各国で共産党の党名が変更されたが、フランスには依然として共産党が存在する。各種選挙ごとに、不満層を取り込んで9%前後の得票率を獲得していたが、2007年5月の大統領選ではついに、1%台に転落。2017年の大統領選では党の候補者が立てられず、極左のジャン=リュック・メランションや社会党のブノワ・アモン、はてはマクロンと支持相手が分裂した。

フランスで、赤旗が三色旗を凌駕《りようが》することが決してないのは、共産党の議員や市長も正装時は共和国の国旗、三色旗の襷《たすき》がけをすることからもうかがえる。ここにも共和国フランスの特性がみられる。

第4章

共和制の確立

——第三共和制から第五共和制

偶然と国家の大事

「第三共和制はまぐれ当たりで生まれた」と指摘したのは米国人ジャーナリスト、ウィリアム・シャイラーだ。

パリやベルリンの特派員だったシャイラーは第三共和制を分析して、フランスがあっけなくナチス・ドイツの侵攻を許した要因を探り、第二次世界大戦直後に大著『第三共和制の崩壊』を上梓した。確かに第三共和制は、誕生の仕方からして偶然に左右されていた。パリ・コミューンの流血の最中の1871年5月10日、ドイツとの講和条約に署名し、パリ・コミューンの制圧にも成功したルイ＝アドルフ・ティエールは8月31日、国民議会から大統領に選出された。しかし王党派が多数派の議会は共和制が長期政権になるとは夢だにせず、いずれ2つの王位継承家が合体するまでの、あくまでも臨時政権だとタカをくっていた。身長154センチと小柄だったこともあり、ティエールは蔑称《べっしょう》的に名前の方をとって「小アドルフ」と呼ばれた。

ティエールは政務もしたたかにこなしたが、私生活の方も精力的だった。南仏マルセイユでの弁護士時代に知り合った妻は持参金付きの大金持ちの娘だったが、彼はまず、この娘の母親の情人になった。次いで妻の妹も愛人にした。もっとも大統領に就任したころには母親は死去していたので、面倒を見なければならない女性は2人に減っていた。ティエールはこの2人の女性とともに、パリ・コミューンで荒れたエリゼ宮の手入れをし、この館で晩餐《ばんさん》会や舞踏会を再開した。

生来、倹約家でもあったので、経費節約も兼ねて食卓に飾られた立派な果物カゴの下の方はきちんと取り換えずにすました。それでエリゼ宮には、腐敗した果物のにおいが漂ったという。

ナポレオン3世時代、ウージェニー后妃らのスカートの下のクリノリン（鯨のひげ、銅線などで張り広げられたペチコート、第二帝政時代にはやった）が発した、あのなまめかしい絹ずれの音も、もう聞かれなかった。2人の女主人らが着けていたのは当時、流行した「バッスル」（スカートを広げるため腰の後ろにつけた飾り）だった。背の低い小太りの大統領夫人が着けると、ますます太って見えたので、口の悪い客の中には、「まるでケダモノだ！」との容赦のない言葉を吐き捨てる者もいた。

生粋の軍人大統領

ティエールは、1872年初頭、「共和国は存在する！ 共和国はこの国の合法的政府である！」と宣言した。シャンボール伯にもパリ伯にも「国家元首の座」を譲り渡すつもりはないとの意思表示だ。彼なりに「ルビコン川」を渡ったのだ。

しかし、国民議会は彼の決意に耳をかさなかった。73年の補欠選挙では共和派がふるわず、ティエールは5月24日に辞表を提出した。ティエールはその後、議員として議会にとどまった。73年9月にドイツ軍がアルザス、ロレーヌ地方から期限より1年半も早く撤退したニュースが議会で報告された時も、議会の片隅の議席にいた。時の内相が前大統領の努力に言及し、次いで1人の議員が立ち上がってティエールを指し示し、「彼こそが領土の解放者です」と述べて拍手を始めると、共和派議員全員がならった。彼は涙に暮れて、これに応えたという。

ティエールの後任には伯爵と公爵と、さらに元帥の称号を持つパトリス・マクマオン（1808〜1893年）が賛成390票で選出された。反対は1票だったが、棄権は38

0票に上った。新大統領はクリミア戦争、アルジェリア遠征軍、イタリア戦争に参戦後、パリ・コミューンではティエールとともにコミューン軍を制圧した生粋の軍人だった。

彼は選出された時、こう言って一度は辞退した。「これまでの生涯、一兵士だった私は、いかなる時も政治にかかわったことはなかった。こうした困難な状況下で政府を指導することは不可能だと思う。私が承諾すれば、新聞はもとより、議会の大半をはじめ、あらゆる方面が私を攻撃しよう。その結果、私は軍隊で私の影響を失い、この国の将来に奉仕することも不可能になる」と。

マクマオンには政治的野心がなく、議員の経験もなかった。第三共和制で非議員で大統領に選出されたのはマクマオンだけだ。議員経験なしで就任したマクロンの先輩格というわけだ。ただ、アイルランドの王家の血筋を引き、一族はルイ15世の時代から王に仕えた愛国者だった。

王党派は彼らにとってこのうえなく理想的な大統領のマクマオンに、英国の17世紀の将軍ジョージ・マンクの姿を重ね合わせたのかもしれない。マンクはチャールズ2世の王政復古を成し遂げたからだ。

しかし、エリゼ宮の住人の中でもマクマオンほど不幸な人物はいなかったといえる。フランス共和国の歴史上、矛盾に満ちた皮肉な役割を担わされる結果になったからだ。

首相のブロイ侯爵は誠実な人柄で、大統領をよく助けたが、マクマオンが大統領に選出されたのは、あくまでも王政復古のためで、その時がくるまでのつなぎ役にすぎなかった。

共和国大統領として、マクマオンが王党派の顧問や共和派の閣僚に囲まれて行なった最初の仕事の1つはなんと、約200ある新聞から、公式用語として「共和国」という言葉を追放することだった。

王党派のたくらみ

1874年2月発行の雑誌『リュニヴェル・イリュストレ』の挿絵は、エリゼ宮で開かれたマクマオンの最初の晩餐会の様子を描き、エリゼ宮の主人の矛盾に満ちた状況をよくとらえている。2頭馬車で到着する招待客を正面玄関で迎える従僕たちは王朝風のキュロット姿。玄関両脇に威儀を正している兵は、共和国儀仗兵伝統のあごひげを蓄えていた。

王党派は、自分たちの意のままになりそうなマクマオンの在任中に2つの王家の統一を図ってしまおうと、大統領の任期を7年の長期に延長する法案を採択した。1873年11月9日、この法案が議会で可決された時、王党派の議員は、ゆえに、「共和国大統領、万歳！」と叫んだ。

いずれにせよ、エリゼ宮はこの毛並みの良い誠実な主の下で、かつての栄光を取り戻しつつあった。マクマオンは将軍として兵士統治の術を心得ていたので、統治には威厳が必要なことを知っていた。ガーデン・パーティーでは任地先で知った異国情緒あふれる東洋風料理も並び、珍しいもの好きのパリの上流階級や、外国からの賓客を魅了した。ナポレオン3世が舞踏場として使用したサロンを晩餐会場に模様替えし、多くの賓客を迎えた。大統領はフランスの栄光のために私財も使った。貴族出身の夫人は、恵まれない子供たちのための肌着類を製作するアトリエをエリゼ宮内に設置した。

エリゼ宮はやっとそれにふさわしい住人を得たともいえる。

ただ、大統領が正式に「共和国大統領」の身分でエリゼ宮入りしたのは74年9月だ。そして法的にエリゼ宮が「共和国大統領府」と規定されたのは、さらに後の79年1月22日だった。

一方、王党派の願いもむなしく、肝心のシャンボール伯は依然として三色旗を拒否していた。王家の白旗を認めないかぎり、王座には座らないと宣言していた。さすがの王党派も「彼が目を開くか、さもなければ永遠に目を閉じるかだ」と、ひそかに覚悟を決めざるをえない状態だった。

かくて国民議会は、4年間の無駄な王位継承問題の議論の後にやっと新憲法の審議に入った。30人の議員による委員会が結成され憲法草案を準備したが、すべて否決された。議員の任期切れが迫った1875年1月30日に再度、草案が審議された。そして、「共和制下に戻るべきか否か」の採決がなされた結果、賛成353票、反対352票だった。たった1票差で共和制に戻ることが決まったのだ。しかもこの時、1人の議員が採決に遅刻していなかったら、この採決は互角になるところだった。フランス人の遅刻癖は、こういう国家の大事の時にも発揮された。もっとも、この時、この議員に国家の一大事という認識があったのかどうか。「まぐれで誕生した」と言われるゆえんだ。第三共和制が王党派と共和派の妥協の産物といわれるゆえんでもある。フランス歴史上、第三共和制は憲法が制定された75年をもって、正式に発足したことになる。

第三共和制の憲法は大統領にさまざまな権力を与えた。首相や閣僚の任命権、軍隊の統治権、条約の交渉や批准、上院の合意付きとはいえ下院の解散権のほか、大統領の免責特権も明記された。もっとも議員たちは、自分たちの権限を委譲するつもりは、まったくなかった。条文には「大統領のあらゆる決定には閣僚の副署」が必要と明記し、実質的には内閣の同意なしには何も決定できない仕組みにした。唯一の例外は「大統領恩赦」だった。死刑から数フランの罰金に至るまで自由に恩赦ができた。大統領恩赦は共和国の特徴の1つで、現在も大統領に与えられている。

偉大なフランスを誇示

マクマオンの唯一の欠点は、文化的素養に多少、欠けていたことだ。いくつかの逸話を残している。

エリゼ宮での夕食の招待を受けた知人が、「今晩は〝エルナニ〟を見に行きますので(見に行くは会いに行くとの意味もある)」と述べ、ヴィクトル・ユゴーの評判の劇作を観劇することを伝えて辞退した時、大統領は「そのエルナニも一緒に連れていらっしゃい」と答えた……。

エリート校ポリテクニック（理工科学校）の視察の際にも失態を演じた。学長から「今年の新入生の〝首席〟は開闢《かいびゃく》以来、初めてアフリカ出身なのでお言葉をかけてやってください」と事前にささやかれていたのだが、威儀を正して整列している生徒の前に現れた大統領は、先頭の漆黒の肌をした生徒に「ああ、わが友よ、君がニグロだね」とおもわず、声をかけてしまった。ポリテクニックには、現在でも首席の生徒を「ニグロ」と呼ぶ伝統があるという。

しかし、文化的教養に欠けた大統領の下で文化の集合祭りでもあるパリ万博が開催され、オペラ座も開館した。エリゼ宮でも万博開催記念の晩餐《ばんさん》会が開かれ、各国からの賓客でにぎわった。

フランスが内政のごたごたとは別に、外面だけはいつも「偉大なフランス国家」を誇示するところは、現在も変わらない。大統領のいささか威厳に欠ける逸話があちこちで聞かれるようになったため、国民議会は大統領の威厳を保持させようと、77年度予算で、エリゼ宮の維持費として30万フラン、さらに同額を経費として計上する予算案を採択した。

大統領自身はこうした申し出を拒否したが、議会の方はこれまた、いかにもフランス的だが、共和派も王党派もそろって、エリゼ宮の住人や外観にはフランス国家の威信がかかわっていると考えていた。この時下院は、76年の選挙で共和派が王党派をしのいでいた。

しかも、王党派の旗色はますます悪くなり、上院も共和派が多数を占めるに至り、マクマオンは79年1月28日、エリゼ宮で開かれた閣議で辞任を表明し、戦場で鍛えた張りのある声でメッセージを読み上げた。

「大統領の職を去るにあたって国家に仕えたこの53年間を考える時、名誉と義務以外の感情、および祖国への絶対的献身以外の感情によって導かれたことがなかったことを慰めとする」

王党派にかつぎ出されて戦場での名誉まで汚してしまった不幸な大統領は、私生活でも不幸で皮肉な立場に立たされていた。マクマオンも実は前任のティエールと同様、エリゼ宮に2人の女性を連れてきた。1人はもちろん淑女の鑑《かがみ》のような貴族出身の夫人だが、もう1人は夫人の妹のボーモン伯爵夫人だ。その伯爵夫人がよりによって、マクマオンの政敵ガンベッタの愛人になってしまった。ガンベッタは普仏戦争時にビスマルクへの抗戦を主張し、軽気球でパリを脱出してスペインに亡命したが、講和条約後、帰国。共和派として王党派への攻撃を執拗《しつよう》に続けていた。

マクマオンの前任者ティエールは77年9月3日、マクマオン打倒の相談をするためにガンベッタと昼食中に倒れて、帰らぬ人となった。マクマオンの辞任にはこの美しくて気の強い義妹が政敵の愛人になったことも、多少は関係しているのかもしれない。

晩餐会のあとは空腹

第三共和制の憲法は大統領の権限を極めて制限しており、実質的な権限は内閣が握っていたので、大統領は「でくの棒（ソリボ）」と定義された。「ソリボ」とは「ソリヴ」の複数形で小型の根太や張りを意味する建築用語だ。あってもなくてもよいところから、これが転じて「お人よしのでくの坊」とか「気の弱い男」の意味がある。この「でくの坊」の典型といわれたのが、マクマオンの後任の大統領、ジュール・グレヴィだ。

グレヴィは、第三共和制の憲法にのっとって、上下両院による合同会議によって初めて選出された大統領だが、エリゼ宮入りした時、すでに72歳だった。マクマオンが辞任したのは1879年1月28日の正午。グレヴィが当時、ヴェルサイユにあった上下両院で563票を獲得して新大統領に選出されたのは、同日午後7時だった。これは大統領の交代の速度として最小時間の記録だ。上院議員だったヴィクトル・ユゴーも1票を投じた。

グレヴィは就任早々、当時はエリゼ宮の「肖像画の間」で行なわれていた閣議の席上、こう言った。「諸君、ご存じですね」。閣僚たちの長い討論の末に大統領が発言したので、全員が耳をそばだてた。続いて大統領はこう述べた。「私は何もしませんから」。その後の閣議でも、「これは諸君の仕事です。諸君が責任者です」などの発言が目立った。大統領は中立で責任もなく、君臨すれど統治せず、というわけだ。

ある日、国立美術学校（ボー・ザール）の展覧会にやってきた大統領は、案内した学長にこう尋ねた。「今年の展覧会はどうですか」。学長が「傑作がまったくありません。どれもごく平均的な出来栄えで」と答えると、大統領はうなずきながら、こう言った。「それは結構。まさに共和国とは、かくあるべきです」。第三共和制の性格を、彼なりに分析していたわけだ。

一方でエリゼ宮での生活には、かなり身を入れていた。エリゼ宮への移転費として代々の大統領と同額の60万フランを議会に要請し、各国の賓客を招いてのレセプションも開いた。早寝早起きで、ビリヤードだけが趣味だった。この趣味はルイ14世と同じだったが、国家元首としての威厳は皆無だった。元は帽子を作っていたという夫人も、同様だった。エリゼ宮でのレセプションにも2人の性格がよく表れていた。『ラトランシジャン』紙には、次のような記事が掲載された。「夜会服を着た若い男が、昨夜午前零時過ぎにパン屋からパンを盗んだ。警官に尋問された男はこう答えた。共和国大統領の晩餐会から出てきたところだ。なにしろ、腹が空いてどうしようもなかったので」

あるいは、こういう逸話もある。ある侯爵邸の従僕が高給に引かれてエリゼ宮に就職するが、すぐに戻ってきた。そこで侯爵が理由を尋ねると、こう答えた。「エリゼ宮に行ったことを仲間に自慢したら、お前、それじゃ、格下げじゃないか、と言われたのです」

こうした逸話からは、第三共和制発足当時の大統領の地位が重みに欠け、貴族社会がまだまだ発言権を有していたことが、うかがえる。

革命記念日が祝祭日に

第三共和制政府は1880年7月14日、革命記念日の「7月14日」を正式に国家の祝祭日に制定した。この時、祝典の主賓席を占めた公人の中で、大統領のグレヴィだけがレジョン・ドヌール勲章を受章していなかった。これではあまりにも格好が悪いと、ただちにレジョン・ドヌールの最高勲章グラン・クロワが授与された。これ以後、共和国大統領は就任と同時にグラン・クロワが授けられることになった。

かくて第三共和制は、憲法も整い、革命記念日を国家の祝祭日に制定し、フランスが共和国であることを内外に鮮明に宣言した。たとえ「偶然」によるとはいえ、フランス共和国は第三共和制で誕生したといわれるゆえんである。

このころから、革命記念日をはじめとした国家の行事に、国民が参加するようになり、極めてフランス的な中央集権国家の性格が顕著になり始めた。その典型が1885年の文豪で共和主義者の政治家ヴィクトル・ユゴーの葬儀だった。霊柩車《れいきゅう》はユゴーの遺志に従って庶民的なものだったが、棺の周囲を政府の高官が護衛する物々しさだった。

グレヴィ大統領の時代にはエリゼ宮の近代化も進み、初めて電話が設置された。実業家さえも当時、この文明の利器を利用していなかった。いち早くエリゼ宮に設置させた目的は、閣僚との連絡を密にするためではなく、まだ十分に考えられた王党派によるテロなどに備えて、近隣の兵舎と緊急連絡をするためだった。もっとも、グレヴィが1887年1月29日にエリゼ宮から最初に電話をかけた相手はベルギーのレオポール国王だった。この事実は、当時からエリゼ宮が伝統的に外交・国防の中心舞台であることを物語っている。

テロの恐怖に加えてグレヴィを悩ませたのが、パリ伯と共和派左派ガンベッタの存在だった。王党派は王政復古の夢が遠のいたことを自覚しながらも、いや、だからこそ、パリ伯が公衆の前に登場するたびに「エリゼ宮へ！」と叫びの声をあげ、グレヴィを憂鬱《ゆううつ》にさせた。

一方、ガンベッタは当初は入閣を拒否したが、1881年に首相に就任して「グラン・ミニステール（強力政府）」を目指した。この政府には、当時の議会で一大勢力を誇ったオポルテュニスト（日和見共和派）のジュール・フェリーや、未来の大統領フェリックス・フォールがいたが、結局、2カ月しか続かなかった。

フェリーは80～81年、83～85年の2回、首相を務め、第三共和制の、というより、フランス共和国の金字塔というべき教育改革を行なった。初等教育の無償と、政教分離、非宗教の原則である。この原則は現在も共和国の原則として堅持されている。

「非宗教」の原則を典型的に示す事例がいわゆる「スカーフ禁止法」だ。イスラム教徒の女性が公教育の場でスカーフを着用することを禁止したものだが、この法律は、ユダヤ教徒のキッパ（男子の帽子）、キリスト教の装身具以外の大型十字架などすべての宗教的記章を公教育の場で禁止したものだ。ところがイスラム系の移民の中には、これを不満とするものがあり、繰り返し、賛否の論争が巻き起こっている。日本や米国でも、「フランスはカトリックの国なのでイスラム教徒を迫害している」などと、とんでもない誤解もあった。「非宗教」はフランス共和国のスローガン、「自由、平等、博愛」と同意語である。宗教的規律から解放されるがゆえに「自由」であり、公共の場で宗教的あるいは共同的外見とは無縁であるがゆえに「平等」であり、信仰とは無関係に市民的空間を構築できるがゆえに「博愛」だからだ。

公職につく親族

第三共和制3代目の大統領グレヴィは可も不可もなく7年の任期を終え、1885年12月28日に次期大統領選が実施された。グレヴィは女婿の強い勧めで78歳で立候補したが、この年齢は立候補者の年齢としては現在に至るまで最年長者記録である。

ただ、この選挙はあまり人々の関心を引かなかったのか、当時の有力新聞『ラトランシジャン』は選挙直後、グレヴィ続投のニュースを1行も報じていない。第1報は1カ月後だった。

グレヴィは2期目をつつがなく過ごしていたが、87年4月21日に試練を迎えた。ドイツ国境で1人のフランス人官吏《かんり》、シュネブレが理由もなく逮捕されたのだ。これはビスマルクが得意とした罠で、フランスの関心を引いて再度、戦争に持ち込もうという計画だった。同年8月15日に80歳を迎える老大統領は年の功もあってドイツの挑発には乗らず、戦争を回避した。

しかし、この事件で人気を博したのが将軍のブーランジェだった。ブーランジェは86年1月に陸相に就任し、兵制の民主化や王族の追放などで人気を得たが、軍隊の近代化も図ったので、ビスマルクからは警戒されていた。それに、大統領はドイツに強く抗議せず国民からは軟弱と見られたが、ブーランジェは強硬姿勢を示したので大衆に支持された。ドイツに対する「復讐《ふくしゅう》将軍」の呼び名も定着して大衆の人気はますます高まったが、87年5月の内閣改造では地方の軍団司令官に左遷された。彼が中央に復帰するのはグレヴィの失脚後だ。

失脚のきっかけは突然、やってきた。2期目の出馬を強く勧めた女婿ダニエル・ウィルソンの勲章詐欺事件である。ウィルソンは、妻のアリスにまだ無名だった作曲家クロード・ドビュッシーを支援させるなど、夫としての影響力を発揮した。また、エリゼ宮内に自分の事務所を確保し、義理の父親にも影響力を行使した。エリゼ宮に7人の秘書も置いて、訪問客をさばいた。その数は毎週、平均150人に上ったといわれる。

フランスでは、大統領の親族が公職の立場で働く例は珍しくない。ミッテランの長男、ジャンクリストフがエリゼ宮でアフリカ担当を務めたほか、シラクの次女クロードも広報担当として働いた。ジャンクリストフは父親の死後、脱税で有罪判決を受けたが、父親の生前から、陰では「パパ・マ・ディ（パパが私に言った）」というあだ名が付けられた。父親の言葉をことあるごとに引用し、虎の威を借りたからだ。

2017年にはマクロン政権下で、親族が議員の助手や秘書に就任することを禁止する「倫理法」が制定された。背景には共和党（LR）の公認大統領候補だったフランソワ・フィヨンが夫人や娘、息子を助手にしていた「カラ雇用事件」があるが、フランスの「縁故」尊重は一種のフランス病ともいえる。

ウィルソンの場合、度が過ぎていたうえに悪質だった。ちょうど値打ちが出始めたレジヨン・ドヌール勲章をあらゆる国に売りまくるという、前代未聞の事件を起こした。ウィルソンのこのいかがわしい商売については、グレヴィの1期目の83年ごろから取りざたされていたが、結局、うやむやのままにグレヴィは再選された。

ところが87年9月にある女性が借りたドレスを返却しないという事件が発生した。ドレスの所有者が、この女性の勲章売買関与を暴露した結果、明確な証拠の書類を突き付けられたウィルソンはエリゼ宮から退散。大衆紙『十九世紀』が「勲章密売」を大々的に報じたこともあり、11月には逮捕された。

首相就任を拒否

このレジョン・ドヌール勲章売買事件について、大統領自身は詳細を知らなかったと主張。ウィルソンとともにレストランの勘定を勲章で支払う風刺マンガなどが出回っても、辞職しなかった。

そして、内閣改造で窮地をしのごうと、まず、下院議員のジョルジュ・クレマンソー（1841～1929年）をエリゼ宮に呼んで首相就任を要請した。クレマンソーはこの時、こう言って首相就任を拒否した。「大統領閣下、二重の問題があります。現在われわれは、内閣の危機より政権の危機の方が強いと思っています」。大統領こそ、辞任すべきだと諭《さと》したわけだ。

クレマンソーはその後、1906年と第一次世界大戦中の1917年の2回、首相に就任してエリゼ宮にも頻繁に出入りするようになるが、彼がエリゼ宮に足を踏み入れたのはこの時が初めてだった。

クレマンソーは父親が医師だったので医学を勉強した。しかし、アメリカの南北戦争に参加して通信員を務め、のちに大統領になる北軍のグラント将軍の下でアメリカ政治と社会を研究し、アメリカ女性と結婚した。その後、パリで医師を開業した。

普仏戦争の時はパリ・モンマルトルの区長として講和条約に反対し、1876年から下院議員になった。81年の選挙では社会改革はフランス革命を完成させることと同様だと主張し、共和主義の立場を鮮明にした。現行の制度に見え隠れする王朝的原理を徹底的に打倒すべきだと訴え、教会と国家の分離や兵役の一般義務、地方自治や累進所得税、上院の廃止を含む憲法改正を主張した。

当時はまだ「虎」の異名では呼ばれていなかったが、雄弁な演説で、ガンベッタ内閣やフェリー内閣を倒した。グレヴィはクレマンソーに拒否された後、次々に首相候補者をエリゼ宮に呼ぶが、誰も引き受け手がいなかった。ついにある朝、ブーランジェの召喚を決め、エリゼ宮付きのブリュゲール将軍にその旨を伝えた。

ところが、ブーランジェの独裁的なところを危惧《きぐ》したブリュゲールは「もし、ブーランジェ将軍がやってきたら、私はエリゼ宮の正面玄関で彼の頭を撃ち抜きます」と宣言した。あらゆる内閣改造計画に失敗したグレヴィは87年12月2日、任期半ば前に大統領をついに辞任し、エリゼ宮を去った。

グレヴィが死去するのは4年後の91年だ。葬儀は生まれ故郷の仏中東部ジュラの村で行なわれたが、一応、国葬の形が取られた。

87年12月3日、第三共和制第4代大統領にサジ・カルノ（1837〜94年）が選出された。賛成616票、反対184票だった。この時、クレマンソーは、「最も愚者を大統領にした！」と皮肉を言った。議員の中で国家元首に適任とされていたのは、教育制度の改革などを遂行した実力派のジュール・フェリーだった。

燕尾服が公式服に

カルノは、保守からも左派からも人気がなかった。「最も愚者が選ばれた」という言葉がたちまち流布されたのでクレマンソーは「そんなことは言わなかった」と、公式に否定声明を出したほどだ。

カルノはフランス共和国に貢献した輝かしい一族の一員だった。祖父のマルゲリト・カルノは軍人だったが、フランス革命の時に革命に賛同し、国民公会議員になり、ルイ16世の死刑には賛成票を投じた。その後、軍事問題に専心して徴兵制施行にあたり、14軍団からなる近代的軍隊を創出した。王党派と見られて一時は流刑になったが、帰国。ナポレオンに反対して引退したが百日天下では内相に就任し、王政復古では追放されるという人生を送った。

その息子、つまりカルノの父親のイポリット・カルノは社会学者サン・シモンの影響を受けて議員になり、二月革命時には文相になった。ナポレオン3世に反対し、議員に選出されても出席しなかった硬骨漢《こうこつかん》だ。ナポレオン3世失脚後に共和派の議員になり、終身元老議員となる。つまり一族は、正真正銘の共和主義者である。クレマンソーも実際「カルノはあまり強くないし反動的だが、共和主義者の名前を持っている」と述べている。

カルノがエリゼ宮入りしたのは87年12月5日夕だった。この時、「諸君、あしたから仕事を始めよう。私は午前7時には執務室にいる」と述べた。ナポレオン3世の図書室だった部屋を執務室に選んだ。カルノが使用した大テーブルは、第五共和制5人目の大統領シラクの執務室の控えの間に置かれていた。もっとも、大統領の「仕事」とは要するに接見やレセプションなど人と会うことだ。秀才校のポリテクニックとポン・エ・ショセを1番で卒業した新大統領はすでに公共事業相と財務相を歴任していたが、政治家としては目立った存在ではなかった。

内気で、髪も瞳もあごひげも黒く、どことなく地味な外見だったこともあり、「凡庸な専制君主時代が始まった」と、作家のエドモン・ド・ゴンクールは早速、書いた。

ただ、カルノはなかなかエレガントで、エリゼ宮では朝から晩まで燕尾《えんび》服と白い胸当てを着用した。以後この服装が共和国大統領の公式制服になった。カルノ以降、大統領の公式写真が撮影されるようになり、現在に至っている。著名な経済学者デュポン＝ホワイトの娘である夫人は、美人で魅力的で品があり、あらゆる宮廷生活にふさわしい資格を備えていた。

彼女は、クリスマスには貧しい子供たちをエリゼ宮に招待した。この伝統を尊重したのがシラク夫妻だ。エリゼ宮に大木のクリスマスツリーを飾り、夫妻がエリゼ宮の職員の子供を招待したが、この伝統は継続中だ。

ブーランジェの最期

カルノが地味な外見だったのに対し、「復讐《ふくしゅう》将軍」ブーランジェは、偉丈夫《いじょうふ》な外見からも人気を得ていた。特に女性に人気があったが、知的でもなければ繊細でもなかったことは次の逸話でも知れる。テーブルの隣に座った婦人が彼に、「ま、なんてきれいな手をお持ちですこと！」と言うと、彼は「足もお見せしましょうか」と答えて、彼女をすっかり興ざめさせたという。もっとも彼はそれでも、女性たちに大いにもてはやされた。

ブーランジェは一時、地方に遠ざけられていたが、1889年1月27日のパリを含むセーヌ県の補欠選挙で、左翼と政府の統一候補を3分の1も引き離して選出された。ちょうど正統王朝継承者のシャンボール伯が亡くなったことや、パリ伯が多額の選挙資金を与えるなど王党派が一致して彼を支持していたことも大勝につながった。

この勝利の日、パリのマドレーヌ広場のレストランで夕食を取っていたブーランジェに群衆は、「エリゼ宮へ！」と叫んだ。もしこの時、彼がクーデタを起こしていたら、成功したにちがいない。しかし、彼は珍しく慎重だった。なぜか。実はこの時、ブーランジェは夕食を愛人のマルグリット・ド・ボンヌマンと差し向かいで取っていた。

ブーランジェはレストラン内にまで押し寄せた支持者に向かってこう言った。「どうして諸君は私に半年後にはフランス国民の投票によって座ることになる権力の座を不法に奪わせようとするのか」。そして先に帰った愛人の後を追って去って行った。彼女が不法で危険なクーデタを嫌ったのだ。愛が政治に勝ったということなのだろうか。

一方、エリゼ宮では厳戒態勢が敷かれ、カルノ大統領夫人が祈っていた。カルノは冷静さを保ち、エリゼ宮とは目と鼻の先の内務省に集合した閣僚をエリゼ宮に呼び寄せ、閣僚とともに選挙結果を聞いていた。

この時、警視総監がやってきて、こう告げた。「将軍は寝室に行きました」。閣僚たちは驚いてただす。「寝室に行った？」。警視総監は「ええ、ご婦人と」と答えた。そこで、カルノはこう言った。「彼が良い手本を示してくれた。われわれも寝室に行こう」

カルノはその後、保守派の党首たちと会合を重ね、ブーランジェを支持していた王党派ともひそかに話をつけた結果、ブーランジェは4月1日、パリを脱出してブリュッセルに向かった。そこにはすでにド・ボンヌマンが亡命していた。ブーランジェは結局、結核で死んだこの愛人の墓の前で自殺した。

クレマンソーはこう総括する。「彼は彼が生きたように死んだ」。つまり、ブーランジェは血の気が多く、愛に弱いフランス人の典型にすぎなかったというわけだ。

ブーランジェに「エリゼ宮へ！」と叫んだ群衆はその後、フランス革命100周年を記念する1889年のパリ万博と、その2年前に建設が始まった「鉄の女王」つまりエッフェル塔に夢中になり、ブーランジェのことはすっかり忘れてしまった。危機を回避したカルノは、万博を機にエリゼ宮の改造費として20万フランを議会から獲得し、大舞踏会用のホール「祝祭の間」を建設した。

凶刃に倒れた大統領

1889年5月6日、カルノは万博とエッフェル塔の開会式に臨んだ。高さ300・75メートル、階段数1719段の塔は見上げるだけで目がくらんだ。その前夜、カルノはエリゼ宮を出るところを銃撃されるという不吉な事件に見舞われた。さいわい暗殺は未遂に終わったが、この教訓は結局、生かされなかった。

5月25日には増築されたエリゼ宮の「祝祭の間」で初のレセプションが開かれ、約800人が招待された。エリゼ宮には電気も設置され、ランプ生活に別れを告げた。こうこうと輝く光の下で、カルノ大統領夫人は際立っていた。そのいでたちは「パール・グレーのリヨン産の絹の布地に銀糸で刺繡《ししゅう》をしたドレスと、同色の羽根飾りにダイヤモンドをちりばめたエポレット（肩紐《ひも》）」であったという。

しかし議会が「祝祭の間」に置く家具などの支出を拒否したので、招待客はあちこちの部屋から寄せ集められた椅子《いす》に座った。

カルノ夫人は服装のセンスも良かったが社交家でもあった。1891年にはエリゼ宮で初のガーデン・パーティーを開催した。当時流行のポルカやマズルカが踊られる一方で、テニスやクロケットのスポーツも行なわれた。秀才校の生徒や上流階級の娘たちが招待されて一種のお見合いが行なわれ、多数のカップルがエリゼ宮の庭園で誕生した。

しかし、カルノの方はパナマ運河事件に悩まされていた。日刊紙『ラ・リーブル・パロール』が92年12月7日付でパナマ運河をめぐる汚職事件を暴露。閣僚をはじめ議員や官僚、作家など約150人が疑惑の対象になった。もっとも、最終的には元閣僚1人が有罪になっただけだった。カルノはこの事件をどうやら乗り切り、93年8月の総選挙では政府与党が311議席を獲得して勝利した。王党派やカトリックの票が流れたのが勝因だったので、カルノの政策は帝国主義的になった。この時の選挙では、のちに大統領になるポアンカレ（1860～1934年）が33歳で入閣した。

一方で、ロシアの思想家バクーニンの影響を受けたアナキストがパリで増加し、手製の爆弾を使ったテロも続発した。下院として使われはじめたブルボン宮にも、爆弾が投げ入れられた。テロ防止には厳罰以外ないというのが当局の方針だったので、たとえ未遂でも犯人はギロチン台に送られた。

これに対し、アナキストたちは報復テロで報いた。大統領の恩赦が唯一のギロチンからの救済方法だったが、下院に爆弾を投げ込んだヴェランの恩赦についてカルノは「私の弱腰がテロを増発させる」と、弁護士のミルランの要請を拒否した。

これは非常に勇気のいることだった。カルノ自身がテロの対象になるのは必至だったからだ。ヴェランがギロチン台に送られた半年後の94年6月24日、それは現実になった。カルノがリヨン万博を訪問した際、馬車に飛び乗ってきた20歳のイタリア人テロリスト、サント・カセリオに刺されたのだ。

肝臓を刺されたカルノは、3時間苦しみ抜いた末に絶命した。エリゼ宮に戻った遺体は「ポンパドールの間」に4日間安置された。国民がひっきりなしに最後の別れを告げ、棺はおびただしい花で覆われた。偉人としてパンテオン（フランスに貢献した偉人の墓所）に祭られた共和国大統領は、最初にして目下のところ彼が最後である。

われ弾劾す

1898年1月13日、ジョルジュ・クレマンソー主宰の新聞『オーロール』は1面トップに、フランスの代表的な自然主義作家エミール・ゾラ（1840～1902年）の、ドレフュス事件を糾弾する歴史的な文章を掲載した。フェリックス・フォール大統領にあてた公開質問状だ。

「私はデュパティ・ド・クラン中佐を弾劾する。中佐は知らずに――私はそうであってほしいと願うが――悪魔の手先となって働いた結果、裁判は判決を誤り、ついでにその忌まわしい働きを擁護するために、3年間にわたって考えられるかぎりの悪辣《あくらつ》で恐るべき陰謀を用いてきたからだ。……私はメルシェ将軍（陸軍大臣）を弾劾する……ビヨー将軍を弾劾する……」

国論を二分したこの事件は、1894年9月24日、陸軍参謀本部がユダヤ系将校アルフレッド・ドレフュスがドイツのスパイであることを裏付けるとする明細書（ボルドロー）を入手した時に始まり、1906年7月12日に破毀院《はきいん》（最高裁判所に相当）が無罪判決を下すまで10年以上も続いた。第三共和制の喉元《のど》深く刺さったトゲ、といわれたゆえんだ。『ドレフュス事件』（1959年刊）の著者ピエール・ミケルは、「世論に浸透していった反ユダヤ主義の運動を念頭におくことなく、事件の全貌《ぜんぼう》をあきらかにすることは不可能だった」と指摘した。確かにフランス内政は第二次世界大戦を経て現在に至るまで常に、「反ユダヤ主義」と「人種差別」が焦点の1つとなってきた。

ドレフュス事件の約10年間にエリゼ宮の住人は、カジミール・ペリエ、フェリックス・フォール、エミール・ルーベ、アルマン・フェリエールの4人を数えた。しかし彼らの名前はほとんどフランス史上にとどまることはない。この事実からも、第三共和制の大統領が、いかにお飾り的存在だったかがうかがえる。

代わって活躍したのが首相や大臣たちだ。特にクレマンソーやレイモン・ポアンカレの名は世界的に知られている。ポアンカレはフェリエール大統領のもとで首相を務め、後に大統領になった。〝100年の謎〟といわれる難問「ポアンカレ予想」で知られる天才数学者アンリ・ポアンカレのいとこである。

ジャーナリスト出身で首相を2度務めたクレマンソーはシャンゼリゼ大通りに立派な銅像が建ち、地下鉄の駅名にもなっている。1961年に就航した空母の名前にも採用された。空母クレマンソーは湾岸戦争で活躍し、1997年に〝退役〟するまで国民に慕われた。2004年、解体処理に向かったインドで船体に使用されているアスベストのために領海入りを禁止されたが、大洋をさまよう姿にフランス人がやきもきしたのも、こうした歴史的背景があるからだ。

ゾラは公開質問状に特に題名は付けなかったが、「われ弾劾す」との迫力ある見出しを付けたのはクレマンソーだった。ドレフュス事件ではゾラのほかにシャルル・ペギー、ジャン・ジョレス、モーリス・バレスなどのいわゆる知識人が賛否の論争に参加したが、「知識人」という言葉の名付け親もクレマンソーである。

「知識人」はこの後、フランスの国内外を問わず世論を揺るがす大事件には必ず論客として登場し、国論を左右する重要な役割を演じている。文化大国フランスたるゆえんでもある。

ドレフュス事件の発生当時、新聞は飛躍的に発展した。1860年にはパリで12紙、地方で十数紙という状況だったが、92年にはパリで79紙、地方で257紙に膨れ上がった。ジャーナリストの数も、パリで85年に1000人だったが、96年には2800人とほぼ3倍になった。大統領ら政治家に関する報道が主流を占めた。

暗殺されたサジ・カルノの後継者カジミール・ペリエは大ブルジョア階級出身だったのでパリっ子から反感を買った。新聞も、「カジミールの金はどこからきたのか。炭鉱労働者の汗を絞り取ったものではないか」と糾弾した。

政府は相変わらず大統領を無視し、重要書類を上げなかった。ドレフュス事件についても、陸軍大臣メルシェがエリゼ宮に来て簡単な報告をしたのは発生から約3週間後だった。それでも、陸相がわざわざエリゼ宮にやってきて報告したということ自体、最初から国家的な事件だったことを物語っている。

国境の町に生まれ

ドレフュスは1859年、ドイツとの国境の町ミュルーズで生まれた。子供の時プロイセン軍に侵入され、故郷を逃れた経験がある。これが契機で少年時代から軍人志望になった。18歳で秀才校のポリテクニックに入学。21歳で陸軍中尉に、29歳で大尉に昇格した。30歳で軍人のエリート校陸軍大学に入学した。同校でも成績優秀で、卒業時には素晴らしい推薦状をいくつももらった。「頭脳明晰《めいせき》、体格、健康、軍事理論優秀」などの推薦文とともに、「性格明朗」という表現もあり、誰からも愛される好青年だったことがうかがえる。

ユダヤ系のせいか校長のボンヌフォン将軍には嫌われていたが、それでも卒業の成績は81人中9番だった。一方、参謀総長ボワデッフル将軍は、ドレフュスがお気に入りだった。事件が発生した時は35歳で、陸軍の花、砲兵隊の大尉として参謀本部に勤務していた。富裕なダイヤモンド商の娘を妻とし、2人の子供にも恵まれた。

この陸軍大学は、第五共和制初代大統領ドゴールも卒業生だ。ドゴールはサンシール陸軍士官学校卒業後、第一次世界大戦での捕虜経験の後に入学した。在学中、捕虜経験とともにソビエト誕生やドイツの国際連盟加盟などの国際的な動きも踏まえ、仏軍も「状況ドクトリン」を受け入れるべきだとする著作『敵方における不和』を発表した。教授陣に無断で出版したせいか、入学時に129人中33番だった成績は52番に下がった。卒業後、成績順に配属される勤務地はドイツ南部マインツのライン地方軍参謀見習だった。実際には、食料補給係であった。

ドレフュスが砲兵隊に配属されたころ、仏軍の火砲技術は飛躍的な進歩を遂げた。１８９０年以前から２２０ミリ砲が製作されていたが、92年には１２０ミリや１５０ミリの曲射砲が発明されて砲兵隊に革命をもたらした。93年には連射銃のルベル銃が改造され、94年には75ミリの速射砲が誕生した。いざ戦闘となれば野戦要員として１４０万人、要塞《ようさい》駐屯要員として40万人、後方守備要員として75万人の動員が可能だった。

ドイツは当時、仏東部ナンシーへの集中攻撃計画を検討し、ベルギー侵略構想も研究していた。フランスの宿敵ドイツにとって、スパイの存在は大きかった。

１００年後の名誉回復

「宗教戦争の宣戦布告状」といわれたエデュアール・ドリュモンのユダヤ人排斥書『ユダヤ人のフランス』が出版されたのは１８８６年だ。ドリュモンは90年には反ユダヤ同盟を創設し、92年には反ユダヤ主義の新聞『リーブル・パロール』を創刊。友人のモレス侯爵らとともに陸軍内部の「ユダヤ人支配」を非難し、ユダヤ人やユダヤ人の疑いのある将校を見つけては決闘を申し込んだ。

こうした中で、『フィガロ』紙が「反逆事件」との大見出しで94年11月1日、「慎重な捜査の結果、かなりの資料を外国に通報した容疑で、将校が非公式に収監された」と報じた。次いで『リーブル・パロール』が、「大逆罪！　ユダヤ人将校逮捕！　ドレフュス大尉！」と実名入りでセンセーショナルに報じた。

ドレフュス逮捕のきっかけの1つは、駐仏ドイツ大使館から盗み出された「明細書」の筆跡とドレフュスの筆跡が似ていたからだ。後に、真犯人は「明細書」の筆跡と陸軍省への就職願の署名が一致したハンガリー貴族出身のエステラジー陸軍少佐だったことが判明したが、94年末の軍事法廷ではドレフュスは無期禁固刑の判決を受け、仏領ギアナの悪魔島に送られることが決まった。そして、翌1月5日早朝、いてつく寒さの中でドレフュス事件の性格を象徴する位階剝奪《はくだつ》式が行なわれた。

士官学校の校庭に全連隊が派遣した選抜隊が集合。その前でドレフュスの軍服のボタンが引きちぎられ、剣がへし折られたのだ。軍人として屈辱の極みのこの儀式は、ドレフュス関係のあらゆる書物で挿絵に使われ、広く流布されている。儀式には極右作家で政治家のモーリス・バレスも外交官のモーリス・パレオローグも参加。集まった群衆は、「ユダヤ人をやっつけろ！　反逆者を殺せ！　ユダヤを殺せ！」と叫んだ。責任者のゲラン少佐はこの日、日記に「式、終了。ドレフュスが無罪を訴え、フランス万歳を唱えたほか、異状なし」と記した。

ドレフュスに破毀《はき》院が無罪判決を下してからちょうど100年目の2006年7月12日、当時のシラク大統領は陸軍士官学校に大尉の子孫や出身校ポリテクニックの生徒を集め、改めて「名誉回復」の式典を行ない、国家のこの野蛮な行為を反省した。メディアも大々的な特集を組んだが、それだけフランス人に反ユダヤ主義の根が深いともいえる。

1895年1月17日、首相のシャルル・デュプュイが事件の紛糾にいたたまれず、辞表を提出した時、カジミールは「私も貴殿と一緒に出て行く」と言った。フランス共和国大統領として在職7カ月は、現在に至るまで最短期記録である。

カジミールの後任にはパリの下町フォーブール・サンドニの椅子《いす》職人の息子フェリックス・フォールが就任した。フォール自身も若いころは皮なめし職人だったが、一念発起して商人になり、仏北部の港町、ルアーヴルで成功した後、政界に身を転じた。大統領選が行なわれた時は海軍相に出世していた。

カジミールは後任者にこう言った。「2つの理由で貴殿は私に比べて業務が容易にこなせるはずです。1つは出身階級のおかげで、誰もあなたを共和主義者ではない、と疑わない。もう1つは、死者より生者の後任の方が楽、ということです」

ドレフュス事件の影

フォールがエリゼ宮入りした1894年当時、フランスは近隣諸国から軽蔑《けいべつ》のまなざしで見られていた。手痛い敗北を喫した普仏戦争からすでに24年が経過していたが、王党派による王政復古の失敗により〝まぐれ〟で誕生した第三共和制で、歴代大統領はいずれも良き共和国のイメージを与えることができなかったからだ。誰ひとり、7年の任期を全うした者もいなかった。

フォールは美男だったので「美男のフェリックス」とあだ名をつけられ、前任者の予言どおり、大衆の人気を博した。第三共和制の大統領職の何たるかも心得ており、行政にはいっさい口出しせずに「死者の役割」をみごとに演じた。

しかし、97年にひそかに75ミリ砲の製造のために予算を計上するなど、先見の明もあった。第一次世界大戦の第一の功労者をフォールとする歴史家が多いのもうなずける。フォールは、「外交と国防は大統領の専管事項」というフランス共和制大統領の伝統的権限を、真っ先に行使した大統領ともいえる。しかし、98年になるとドレフュス事件の影がエリゼ宮を覆うようになる。1月13日にゾラがフォールあての公開状「われ弾劾す」を『オーロール』紙に発表し、当日の『オーロール』紙は20万部を完売した。一方で反ドレフュス派の急先鋒《せんぽう》『リーブル・パロール』は50万の発行部数を誇り、しかも上流のユダヤ人の中にも反ドレフュス派がいた。

ユダヤ系作家のプルーストは『失われた時を求めて』の主人公、スワンを通して、彼らの心情を代弁させた。スワンがドレフュス擁護の署名を拒否したところで、こう記述する。「そうすることはあまりにもヘブライ的で、かならず悪い効果を生むと思ったからだ。再審に関するすべてを是認したが、フランス陸軍への反対運動には一切、かかわりたくなかった……スワンは多くの人々の目にはドレフュス派と映っていたが、私の友人は彼を、国家主義に毒された勲章好きの日和見主義者と見なしていた」

ゾラは当時、小説家として世界的名声を得ていたが、前年からすでに「ドレフュス擁護派の一員」になっていた。「われ弾劾す」の影響が多大だったことは、ゾラが後にこの事件で有罪判決を受けたことからもうかがえる。反ドレフュス派は数の上では擁護派を圧倒していた。

1898年9月、ヨーロッパの列強による植民地獲得戦争の象徴であるファショダ事件が発生した。フランスの経済学者ポール・ルロワボーリュは1874年に「植民地化とはある国民の拡張力を指す……膨張力であり増大力である」と述べ、植民地政策を正当化した。フランスがアルジェリアを植民地にした30年ごろから英仏独は激しい植民地獲得戦争を展開し、特に英仏の競争は熾烈《しれつ》を極めた。ドイツのビスマルクが画策し、フランスを反英に仕向けたという背景もある。

フランスはイタリアと争ってチュニジアの保護権を獲得し、1881年にチュニジアの町バルドでバルド条約をチュニジアと結んだ。英国は翌年、エジプトに出兵して事実上の支配下に収めた。

また、ドイツ、オーストリア、ロシアが1881年に三帝同盟を締結。1882年には、イタリア、ドイツ、オーストリアの三国同盟が結ばれた。三帝同盟と三国同盟は何回か更新され、フランスは徐々に孤立していった。

大統領の「過労死」

英仏の植民地争奪戦が激化する中で、フランスはアフリカを横断して植民地にする政策を敢行し、英国は縦断政策を実施していた。両国が鉢合わせするのは当然の帰結だった。

その地点がスーダンのファショダだった。フランスの指揮官は、探検家でもあるマルシャン大尉だった。大尉は2年の歳月をかけた末に1898年7月10日、ファショダに到着した。エジプトを統治していた英国のキッチナー少佐が到着したのは9月18日だった。

両者の会見でキッチナーは、「フランスがスーダンおよびナイルを占領することは、エジプトと英国の権利を侵害するもの」と主張した。問題の解決は、本国政府間の交渉に委ねられることになった。1899年3月に英仏は協定を結んだ。スーダンは英国とエジプトの共同統治下に置かれたが、フランスはスーダンからナイル川流域に対する通商権を得た。結果的には、英国の縦断政策が覇権を握った結果となった。

シャルル・ドゴールは『大戦回顧録』の冒頭に、こう書いている。「わたしの子供時代、さまざまな人の顔や言葉によって啓示されたわが国の弱点や誤謬《ごびゅう》、たとえばファショダの放棄、ドレフュス事件、社会闘争、宗教上の不和軋轢《あつれき》などほど、わたしを悲しませたものはない」

ファショダ事件は当時、英仏両国の世論を激昂《げきこう》させ、開戦前夜という雰囲気を作り出した。フォールはあまりにも早く、英国に譲歩しすぎたとの批判も受けたが、彼の断固とした態度と決断が戦争回避につながったことは確かだ。

フォールは第三共和制の大統領として初めて無事に任期を終了するはずだった。ルイ14世の「太陽王」をもじって「太陽大統領」と呼ばれ、ハンサムで魅力的なため女性たちから人気があった。しかしこの魅力が、持病の動脈硬化とともに、大統領の命を奪うことになった。

99年2月6日、大統領は足のだるさを訴え、朝の乗馬を中止した。しかし午前10時には通常通りエリゼ宮で閣議を主宰し、改めてドレフュス事件の再審問題が検討された。当時、ドレフュスの無罪はあまりにも明白だった。午後4時15分、ドレフュス擁護派のモナコのアルベール王子が、ドイツのヴィルヘルム2世の証明書を携えて面会にやってきた。そこには、ドイツのスパイが「ドレフュス大尉とは一度も接触したことがない」と証言した旨を保証すると記されていた。

そして午後5時ごろ、大統領は「銀の間」で愛人のマルグリット・ステンエイル夫人と

〝会見〟した。40分後に起きた〝事件〟について、大統領の秘書ルイ・ルガルは次のように述べた。

「6時少し前、大統領と夫人が会合している部屋から叫び声が聞こえた。大統領は苦しみ、夫人は恐怖のあまり、長椅子《いす》の上で狂乱し、気絶した……エリゼ宮付の医師が駆けつけ、緊急措置を行った。夫人はやっと衣服をまとうと、取り乱していたためコルセットを忘れて帰った」

大統領は午後10時に絶命した。エリゼ宮の住人でこの館で死去したのは、初代の住人エヴリュ伯爵以来だった。医師は診断書に大統領の死因を「過労死」と記したが、国民はたちまち、真の死因を察知した。享年58だった。

貞奴パリで喝采

〈影のダンス、田園のダンス、軍隊のダンス、オペラコミック座のコーラス、東京のカワカミ一座による「芸者と武士」2幕、スペインのダンス、ジャワ一座、日本一座、シンハラ（セイロン）一座、イタリアのダンス、ロシアのダンス……〉

1900年8月19日、エリゼ宮の庭園で開催されたガーデンパーティーのプログラムだ。この中のカワカミ一座というのは、川上音二郎《かわかみおとじろう》、貞奴の一行13人を指す。明治の元勲らの寵愛《ちょうあい》を受けた日本橋葭町《よしちょう》の芸者・貞奴《さだやっこ》は、「板垣君遭難実記」などの書生劇で名をはせた時流風刺の「オッペケペー」の川上音二郎と知り合い、芸者を廃業して結婚した。2人は神田に川上座を新築開業するが、音二郎が衆院選挙に落ちるなどで行き詰まり、1899年、米国巡業に出発した。

一行は英国を経て1900年6月末にパリに到着した。ロイ・フラー劇場に7月14日の革命記念日から1週間、特別出演するためだ。パリ到着前に、ニューヨークやロンドンでも長期公演を行ない、「芸者と武士」などが好評を博した。ロンドン公演の際は、英国皇太子が「さながら日本の美術を観賞するようだ」と感激し、日本円で4000円相当の小切手を届けたと伝えられる。

パリは文化の爛熟《らんじゅく》期ベルエポックを迎えていた。アイルランド系のアメリカ人舞踏家イサドラ・ダンカンがパリを魅了していた。ダンカンは古典バレエを離れ、ギリシャ風トゥニカ（寛衣）をまとい、バレエシューズを脱いで裸足で踊った。ダンカンの衣装は、ハイウエストのシンプルなデザインで女性をコルセットから解放したデザイナー、ポール・ポワレにも影響を与えたといわれる。このダンカンにも影響を与えたのが、川上座と契約を結んだロイ・フラーだ。

音二郎が「食えないばあさん」と評したように、フラーは興行主としては出演料を値切るなどなかなかのやり手で、500人収容のロイ・フラー劇場を主催していた。米英で評判だった一行と早々に契約を結んだが、初日の入りが悪かったため、「ハラキリ」の場面を加えるように注文した。

音二郎は袈裟御前に横恋慕した遠藤盛遠が誤って袈裟を殺す「袈裟と盛遠」を下敷きにした舞台で、盛遠が出家せずハラキリをするという筋に変更することに最初はためらったが、最後は、仁王立ちになって派手にハラキリを見せるという思い切った演出で大喝采《かっさい》を博した。その結果がエリゼ宮への招待だった。

1900年4月14日、パリ万博はフォールの後任の第三共和制第7代大統領エミール・ルーベによって開会された。シルクハット姿の大統領はこの日、シャンゼリゼ大通りを凱《がい》旋《せん》門からコンコルド広場まで、なんと自動車で行進した。

大統領が馬車ではなく自動車でこの大通りを行進したのはこの日が初めてだ。時速30キロとはいえ、「速度」という新時代を象徴する自動車の登場は、いかにも20世紀の幕開けにふさわしかった。パリの空は晴れ上がり、春の微風が吹く中、お祭り好きのパリっ子は待ちに待った祭日を迎えた。

パリ万博の栄光

川上音二郎、貞奴らが出演したエリゼ宮のガーデンパーティーの出し物が極めて国際色に富んでいたのは万国博覧会の一環だったからだ。一行がパリに到着したのは、万博の真っ最中だった。

万国博覧会が初めて開催されたのは1851年、英国の首都ロンドンだ。パリでは1855年に初めて開催された。万博は、英仏が植民地という資源と市場を競って産業を飛躍的に発展させ、大帝国を築き上げた栄華の結実《けつじつ》でもあった。

ロンドン万博ではクリスタル・パレスが建設されたが、89年のパリ万博ではエッフェル塔が完成し、フランスと万博の威光を遠く海外にまで響き渡らせた。エッフェル塔には5

月から10月の6カ月の開催中に内外から約2800万人が訪れ、たちまちパリの象徴となった。

1900年の万博ではアール・ヌーボの旗手エミール・ガレに最優秀賞のグランプリが授与された。ガラス製品などの工芸がこの時、彫刻や絵画とともに、晴れて芸術の仲間入りを果たした。1900年の万博はその規模の壮大さで89年の万博をもしのいだ。アレクサンドル3世橋や展示場のグラン・パレとプチ・パレのほかにオルセー駅（現在のオルセー美術館）が建てられ、パリの景観を一変させた。

なによりも注目すべきは、4月から11月の会期中に入場者約5200万を動員した点だ。20世紀という大衆動員の時代の到来も告げていたからだ。

フランスの人口は約6600万人（2016年現在）、年間観光客数は世界一の約8900万人（2017年現在）だ。この数字からも1900年のパリ万博が破格の盛況だったことがうかがえる。観光客が人口を上回るという特色は変わらないが。

フランスの人口は普仏戦争直後の1876年が約3700万人、1911年が約3900万人で、この間、あまり増えていない。近隣諸国の19世紀後半から20世紀にかけて人口の膨張はロシアが2倍、ドイツ60％、英国52％増と顕著《けんちょ》だ。フランスだけ人口が伸び悩んだ理由は明確に解明されていないが、三帝同盟、三国同盟でのフランスの孤立化による陰鬱な閉塞感のほかに、ビデの存在を指摘する俗説もある。

パリの地下鉄も1900年の万博に合わせて開通した。入り口の「METROPOLITAIN」と書かれた鉄製アーチは、アール・ヌーヴォーの建築家エクトル・ギマールの作品だ。パリの地下鉄がロンドン、ニューヨーク、ベルリン、ブダペストより遅れて開通した割に有名なのは、この粋で典雅なギマールの作品の貢献もありそうだ。

開通1号は凱旋門の先のポルト・マイヨからシャンゼリゼ大通りの下を通ってパリ郊外ヴァンセンヌまでの約10・6キロで駅数は18。開通は4月14日の万博開会日の予定だったが工事が遅れ、革命記念日の7月14日にやっと間に合ったところも、パリらしい。

ロシアとの縁

ルーベは、パリ万博開催中の1900年9月22日、テュイルリー宮殿の広場に設置した大テントで、全国約2万人の市長を招待して大宴会を開催している。この日が大宴会の日に選ばれた理由はただ1つだ。1792年9月22日に王政廃止が議決されて共和制が誕生したからだ。〝まぐれ〟で誕生した第三共和制の、もう1つの誕生日と言ってもよい。

歴史家のモーリス・アギュロンは1900年の万博を「二重の成功」と総括した。「第1に技術面。これほど多数の人が訪仏できたのは、フランスに鉄道網が深く張り巡らされているからだ。第2に政治面。これほど多数が訪仏を希望したのは、共和制が田園地方さえ征服、あるいは丸め込んでいるからだ」と。フランス全土を共和制の威光が覆っていたことがうかがえる。

エリゼ宮は外交の舞台として重要な機能を相変わらず発揮した。エリゼ宮を訪問する各国の賓客は、英国王エドワード7世、スペインのアルフォンス13世、ベルギーのレオポルド2世ほかペルシャ国王やロシア皇帝などの王族以外に、新大陸米国を象徴する実業家ロックフェラーの姿もあった。万博に合わせて架けられた仏露同盟の象徴、アレクサンドル3世橋の開通式にはロシア皇帝のニコライ2世も出席する予定だったが、都合で欠席となった。

1992年2月に当時のロシア大統領のボリス・エリツィンがフランスを公式訪問した際、当時の大統領ミッテランは、エリゼ宮での歓迎レセプションで、仏露の歴史的関係の深さを強調した。「私は毎日、(自宅のあるセーヌ川左岸からエリゼ宮に出勤するため)アレクサンドル3世橋を渡っている。今日は2人でアレクサンドル3世橋を渡った」と。

ミッテランはこの時、エリツィン夫妻の宿舎にヴェルサイユ宮殿の離宮、大トリアノンを充てた。これは1717年、名君の誉れ高いピョートル大帝がルイ15世の招待で訪仏した時に宿泊したところだ。

エリツィンは訪仏中に国民議会を表敬訪問したが、この時、約100人のフランス人が帝政ロシア時代のロシア国債の払い戻しを求めてデモを行なった。1917年のロシア革命当時、約160万人が総額100億金フラン分の国債を所持していた。金フランは1803年に金の価値を基に制定した単位だ。100億金フランは当時の2000億フラン(約305億ユーロ)に相当する。死亡したり破棄した者もいるので1992年には所持者は推定15万〜50万人、総額も70億金フランに減っていたとみられるが、有効性をずっと信じて保管していた者がいたわけだ。

目まぐるしく体制が変わったフランス人は共産主義という体制もいつか崩壊すると、歴史の教訓として学んでいたに違いない。国債の問題についてはその後、正式に返還が決まった。

万博に欠席したニコライ2世からは、エリゼ宮にいくつかの贈り物が届いた。碧玉《へきぎょく》で作られた精密なフランスの地図もあった。主要都市を記すマークには宝石が使用されていた。パリはダイヤモンド、フランス第2の都市リヨンはトルマリン（電気石）、南部の軍港都市ツーロンは金緑石《きんりょくせき》といった具合だ。この地図は現在、パリから北約90キロのコンピエーヌの城館に保管されている。

ドイツの圧力

パリ万博当時、エリゼ宮の「祝宴の間」で開催される晩餐会《ばんさん》には約100人の招待客が正装で臨み、18品のフルコースと5種類のワインを堪能した。広間の一隅では共和国儀仗兵の軍楽隊が演奏し、作曲家のカミーユ・サンサーンスが自作のピアノ曲を演奏した。ルーベ時代にエリゼ宮の1回のレセプションで消費されたシャンパンは1200本、赤ワインは1400本。シャポン（肥育鶏）が200羽などで一晩の1人当たりの費用は約3000フランだった。当時の兵士の月給の30倍だ。フランスは共和制時代も、ルイ王朝時代とそう変わらない晩餐会を開いていたことになる。

こうした一種の宮廷外交の成果もあってか、あるいは親露、親英派の外相テオフィル・デルカッセの努力のたまものか、フランスの立場は徐々に回復した。1894年締結の仏露同盟は維持され、ファショダ事件で対立した英仏関係も、フランスびいきの英国王エドワード7世の1903年5月1日の訪仏で改善に向かった。

04年には英国のエジプト支配を承認する代わりにモロッコにおけるフランスの優先権を承認させる英仏協商が締結され、フランスは孤立時代から脱出した。

しかし、ドイツとの関係は相変わらず指導者層の頭痛の種だった。ドイツ皇帝ヴィルヘルム2世はビスマルクさえ罷免し、独裁的傾向を強めていた。「ドイツの将来は海上にある」と述べ、ドイツの世界市場制覇、特にアフリカにおける植民地政策に野望を燃やし、フランスのスキを狙っていた。

まず、第一次モロッコ事件が勃発《ぼっぱつ》した。フランスはアルジェリアに隣接するモロッコの植民地開発に関しては当然、優先権があると考え、1900年12月の秘密協定でイタリアにはそれを承認させていた。ところが、ドイツは黙っていなかった。日露戦争でフランスの同盟国ロシアの敗北を見越したヴィルヘルム2世は05年3月にモロッコのタンジール港に上陸し、モロッコにおけるドイツの権限を宣言した。デルカッセは英仏協商を盾に、あくまでも対独強硬路線を主張して譲らなかった。05年4月末には英国のエドワード7世がエリゼ宮にやってきて、ドイツの駐仏大使も交えて大統領ルーベと協議したが、らちが明かなかった。

05年6月6日、エリゼ宮での閣議は沈痛な雰囲気に包まれた。冒頭、首相のルヴィエがドイツからの提案を伝えた。それは、デルカッセとフランス駐独大使の罷免だった。ルヴィエは、「もしドイツの提案を受け入れなければ、ドイツは宣戦布告なしにわが国に侵入することはまちがいない」と述べ、提案を受け入れるよう進言した。

ルーベが順番に出席者の意見を聞いたが、デルカッセを除いて全員がルヴィエを支持した。ルーベは沈黙した。彼の頭の中は、来年の任期満了を無事に迎えることだけだったかもしれない。デルカッセは辞任し、ドイツとの戦争は辛うじて回避されたが、この時のフランスの態度は高くついた。ヴィルヘルム2世が、フランスには強硬態度で臨めば何事もかなう、との信念を得たに違いないからだ。それはドイツ国民全員の信念ともなった。この日こそが第一次大戦の始まりの始まりだった、と指摘するフランスの歴史家もいる。

モロッコ制圧

1906年1月から4月まで、スペイン南西部アルヘシラスでモロッコ事件の解決のための国際会議が開かれた。フランスは、英米の支持を背景に、モロッコの金融管理と港湾都市の警察権に対するフランスの優位性を認める協定を獲得。07年には仏英露の三国協定も結ばれた。ドイツは孤立した結果、フランスへの憎悪をますます強めた。

ルーベはアルヘシラス会議の最中の06年2月、第三共和制の大統領として初めて無事に任期満了を迎えた。第三共和制が始まって35年目にして初めて、大統領の権限移譲式がエリゼ宮で敢行された。ルーベが死去したのはそれから23年後だ。大統領退任後の余生としては最長記録だったが、1981年に55歳で大統領を退任したジスカールデスタンが目下、記録を更新中だ。

ドレフュス擁護者だったルーベは、軍法会議が再度の有罪判決を下す中、大統領特赦で1900年9月にドレフュスを釈放した功績もある。

大統領特赦は第五共和制の現在も大統領に与えられている特権だ。シラクは1999

年、女主人殺害で有罪になったモロッコ人の庭師に証拠不十分として大統領特赦を与えている。ドレフュスが正式に無罪となるのは1906年7月12日だ。

次の大統領アルマン・ファリエール（1841～1931年）について、当時の文明評論家アンドレ・ジーグフリードは「最も聡明《そうめい》な大統領」と評したが、その理由は不明だ。

この時期に国難と戦い、歴史に名を残すのは06年に首相に就任したジョルジュ・クレマンソーと12年に首相に就任したレイモン・ポアンカレの2人だ。

クレマンソーは第一次世界大戦中の17年から20年まで首相を務め、ポアンカレも13年に大統領に就任後、26年から29年まで再度、首相を務め、蔵相も兼任した。蔵相として第一次大戦後の財政危機を乗り切るため平価を5分の1に切り下げる「ポアンカレ・フラン」を採用し、金本位制に戻すことを決定した。おかげでフランは安定し、外国から大量に流入した金は「ポアンカレ金貨」と呼ばれた。

ドレフュス事件で活躍したクレマンソーは、プロイセンとの講和条約に反対したのをきっかけに医師から政治家に転じ、急進社会党を結成。議会では激しい政府攻撃を行ない「虎」の異名で鳴らした。パナマ事件での政治家の汚職に嫌気がさして以後ジャーナリストに転じた。その後、政界に復帰して内相を務めたが、何度かあった首相就任の要請は断ってきた。今度は断り切れない事情があった。祖国フランスの危機だ。

フランスは当時、モロッコで住民の抵抗に悩まされていた。07年3月にはフランス人医師が地元住民に殺害され、フランス軍がアルジェリアからモロッコに侵入して東部を軍事支配した。これに対してモロッコ側のリーダー、ムライ・カフィッズはフランスに対して「聖戦」を宣言。クレマンソーは制圧のためにフランス軍を何度か増強した。

「聖戦」はやがてムライ・カフィッズが対仏妥協に出て収まるが、11年1月に再燃した。第二次モロッコ事件だ。フランスは4月、当時の首都フェズに軍隊を派遣して軍事的に占領した。

モロッコをあきらめきれないドイツは好機到来とばかりに戦艦を派遣し、モロッコにおけるドイツの権益放棄の代償として仏領コンゴの割譲を要求した。フランスは最後に妥協してコンゴの主要地域を放棄、モロッコは最終的にフランスの保護領となったが、ドイツとの関係は決定的に悪化した。

こうした中、ファリエールは13年2月、7年の任期を全うした。エリゼ宮での最後の日、後任者に内部を案内しながら、こう言った。

「それほど悪くないポストですよ。昇進はありませんがね」

ポアンカレへの期待

1913年1月17日、第三共和制9代目大統領に選出されたレイモン・ポアンカレは第一次世界大戦後の首相時代の方が有名だ。大戦中に大統領だったことがしばしば忘れられているのは、英仏連合軍総司令官のフォシュ元帥や、休戦交渉やヴェルサイユ条約会議を通して戦後処理に当たった首相クレマンソーの活躍の方が際だつからだ。

しかし、ポアンカレの履歴も十分に立派だ。20歳で弁護士、27歳で議員、30歳で予算委員長、34歳で閣僚と常に人より一歩先んじていた。12年1月には、1度目の首相に任命された。「堅固な尊敬すべき政府に統一されたフランス」という印象を国外に与えるべきだと考えていた議会は、秀才の誉れ高いポアンカレが最適だと判断した。

いとこに天才数学者アンリ・ポアンカレがいるように、彼も鋭い知性の持ち主だが、融通が利かなかった。学生時代のあだ名は「ポワンポンテュ（鋭角点）」だ。

ブルジョア階級の出身だが、父親は共和主義者だった。ポアンカレ自身も無宗教でヴォルテールを座右の銘にしていた。感情がないように見えたのは、1人の女性に感情のすべてをささげてしまったからだといわれた。夫人は美しいイタリア女性だった。ポアンカレとの結婚前に2度の結婚歴があり、最初は離婚で2度目は死別だった。それで、ポアンカレとの結婚式は教会で行なわれず、市役所に登録しただけだった。ポアンカレの家族はこの結婚を大いに嘆き、周囲も大いに驚いた。

ポアンカレは大統領への意欲はなかったが、大統領出馬を受理したのは、この夫人を連れてエリゼ宮入りすることでカトリックで離婚を認めないブルジョア階級の伝統に一矢を報いたいとの思いがあったから、との指摘もある。ポアンカレはしかし、エリゼ宮に一歩、足を踏み入れるや、「なんて陰気な家だろう……まるで牢獄《ろうごく》だ……ドストエフスキーの死者の家のようだ」と述べた。最初の夜に眠れなかった理由を友人に次のように説明したと、回想録に記している。

「目を閉じることができなかった。ただ1つの考えが私を支配していた。今後、私にのしかかる恐るべき責任と、一方で憲法が（大統領職に）規定している無責任の原則だ。7年間、沈黙と非行動が課せられるのだ」。第一夜から第三共和制の大統領に運命付けられている矛盾に、大いに悩まされていたわけだ。

ポアンカレ就任の前年から、バルカン半島での戦雲は欧州大陸にも迫る勢いを見せていた。ロレーヌ出身の愛国者ポアンカレは首相時代から「フランスを他国に対して無防備のままにしておくわけにはいかない」と提言。大統領就任も、普仏戦争でドイツに割譲されたロレーヌ、アルザス地方の奪還に燃えていた国民の熱い期待を一身に集めた結果だった。

後に「ポアンカレ・ラ・ゲール（戦争）」と好戦家扱いされ、紛争回避の措置を何ら取らなかったと非難されたが、当時、ポアンカレを良しとしたのはむしろ、フランス国民の方だった。就任1年後の14年1月1日、ポアンカレはエリゼ宮で初めて各国大使たちから新年のあいさつを受けたが、英国大使は戦争への危惧《きぐ》をあらわに表明した。「去り行く旧年は平和が確立されたが、これから始まる新しい年は、あらゆることについて、われわれにさまざまな困難を予想させる」

国内でも、誰もが対独戦争の足音が迫ってきたことを感じていた。

私生活は問わず

大統領に就任したポアンカレは1914年5月の総選挙を前に、ジョセフ・カイヨー財務相（元首相）の妻アンリエットによるフィガロ新聞社社長暗殺事件にも悩まされていた。

カイヨーは3年兵役制度に反対する一方で所得税の導入を主張し、これが選挙の争点になっていた。ブルジョア階級を読者層とするフィガロ紙はカイヨーの政策に反対し、激しいネガティブ・キャンペーンを展開。14年3月ついに、カイヨーが前夫人と結婚中の01年に前夫人に送った手紙を暴露した。手紙の中ではカイヨーが所得税反対と書いてあることを指摘し、カイヨーが選挙民や世論にウソをついていると非難した。

夫人は暗殺の動機について、カイヨーとは前夫人と結婚中から愛人関係だったことを、同紙が暴露することを恐れていたと告白した。カイヨーは辞任したが、5月の選挙では大勝した。また夫人も裁判で無罪判決を勝ち取った。この日の夫人は黒の長手袋に黒い羽飾りのある黒い帽子、ハンドバッグも黒という黒ずくめで、いつにもましてエレガントで美しかったという。

私生活は問わず、が鉄則のフランスでは男女関係は特に大目にみられているが、この時も、司法と国民は美しい夫人に理があるとしたわけだ。

エリゼ宮には年頭から各国元首が相次いで訪れ、バルカン問題について協議した。英国王ジョージ5世の訪仏は、パリ市民から「英仏協商万歳！」と熱烈歓迎を受けた。国民にとって1904年締結の英仏協商は、戦雲が高まる中で頼みの綱だったことがうかがえる。協商は同盟ではないので、フランスがドイツと開戦しても、英国がフランスを支援する保証はなかったが、結局、第一次、第二次世界大戦での同盟の基盤となった。2004年の協商百周年には英女王エリザベス2世とフィリップ殿下がパリを訪問し、シラク大統領夫妻とともに盛大な式典を祝ったのも、こうした経緯があるからだ。

ところで、20世紀初頭のヨーロッパではほとんどの国が君主制で、王族同士の血縁関係も極めて深かった。中でもオーストリア皇帝フランツ・ヨーゼフ1世と英国のヴィクトリア女王が頂点に立ち、さまざまな形で縁戚関係にある人物がヨーロッパ中で君臨していた。第一次大戦後のヴェルサイユ会議でドイツ代表を務めた実業家兼政治家のウォルター・ラーテナウは、こうした状況を次のように要約した。「ヨーロッパの君主を1人知っていれば、全員知っていることになる。彼らは絶えず書簡や希望、贈り物、訪問を繰り返し、スーパー所有者として巨大なヨーロッパ一家を形成している」と。

共和制度はスイスやフランスぐらいだったので、ヨーロッパ列強の中でフランスは極めて例外的な存在だった。幸いにも大統領もいればエリゼ宮もあったので、外国の王族の国家元首の相手はエリゼ宮を中心に、一種の〝宮廷外交〟が展開された。

ポアンカレは14年5月の選挙後、3年兵役制に好意的なルネ・ヴィヴィアニを首相に任命し、7月16日に新首相を伴って三国協商強化のためにロシア訪問に旅立った。

サラエボの銃声

1914年6月28日、サラエボで響いた一発の銃声が世界を変えた。オーストリア皇太子フェルディナンド夫妻がセルビア人に暗殺されたのだ。7月にポアンカレがロシアに出発したころは、誰もこの事件が、まさか火薬庫に投げ込まれた起爆剤の役を果たし、その後4年間も続く世界大戦の口火になるとは考えていなかった。

しかし7月23日、オーストリアはセルビアに最後通牒《つうちょう》を突きつけた。ロシアからの帰路、このニュースを知ったポアンカレは日程を繰り上げて7月29日朝、パリの北駅に到着した。そこにはすでに、「大統領、帰国」の報を聞いて駆けつけた群衆が待ち構えていた。大統領一行が列車から降りて車に乗り込むと、駅前の群衆の中からフランス国歌「ラ・マルセイエーズ」の高唱が沸き上がり、無数の帽子が高く、宙に舞い上がった。

群衆はそのまま、車がエリゼ宮に到着するまで後を追った。好戦気分とドイツへの反感はこの時、頂点に達していた。ポアンカレはこの日の日記に、「平静でいることが、感情的にも物理的にもこれほど無理だと感じたことは、かつて一度もなかった」と書いた。

同日午後、ポアンカレはエリゼ宮で閣議を開いた。翌30日の午前3時、ロシアから電報が届いた。ポアンカレは直ちに首相のヴィヴィアニと戦争大臣のムスミィをエリゼ宮に召喚した。ロシアはセルビアの同盟国だ。そしてそのロシアはフランスの同盟国である。戦火はそこまで迫っていた。

翌31日、エリゼ宮では朝から3回の閣議が開かれ、総動員令の発動と国境から10キロの距離に仏軍を後退させることを決定した。同日、ポアンカレは英国王に書簡を送った。「英仏協商は（軍事を含む同盟ではないので）戦場では効力を発揮することはないが、ドイツが戦場でも効力があることを確認したとしても、平和を乱す可能性は高い」と述べ、ドイツが実質的な英仏同盟条約である英仏協商を恐れずに開戦する可能性を示唆。英国に協力を要請した。

ところが、ジョージ5世は協力を拒否した。これによってドイツの開戦は確実になった。フランスは8月1日、総動員令を発動した。ドイツもロシアに宣戦布告し、仏独は結局、3日に開戦した。エリゼ宮の窓ガラスという窓ガラスは爆撃による粉砕を避けるために紙が菱形模様に張られた。ポアンカレは日記に「エリゼ宮はこの白い金網張りで、余計に監獄に似てきた」と記した。

20世紀は第一次世界大戦とともに始まったと定義するフランスの歴史家や学者は多い。「20世紀は1914年から89年までだ。つまりサラエボの銃声からベルリンの壁崩壊まで」(フランス国際関係研究所副所長ドミニク・モイジ=当時)、「第一次世界大戦はベルエポックに代表される幸福のイメージなどすべてを破壊した点で20世紀の始まりといえる」(歴史学者ミシェル・ヴィノック)などの指摘がある。この「幸福の破壊」の感覚を早くから敏感に感じ取ったのは文学者や芸術家かもしれない。

世紀の終焉《しゅうえん》の足音と共に1890年代にはあらゆる形の進歩を非難し、理性、科学などの価値観を否定し、社会的混乱を告発する動きがみられた。それらの文学や芸術はまとめて「世紀末」と表現された。しかし第一次世界大戦は、世紀末の出口にしてはあまりにも強烈で過酷すぎた。第一次世界大戦でフランスの被害は戦死者約150万人、負傷者約170万人、戦争中に生まれるべくして生まれなかった新生児は約150万とされる。

歴史的建造物に

ポアンカレは開戦直後の1914年8月に内閣改造を発表した。祖国存亡の危機となるや、フランス人は党派を超えて、いかなる政党、イデオロギーに属していようが三色旗と国歌「ラ・マルセイエーズ」の下《もと》に結集する。この時、入閣するべくして入閣しなかった実力政治家は、夫人が殺人罪の容疑者になったカイヨー、暗殺された穏健社会主義者のジョレス、そしてポアンカレの生涯の政敵クレマンソーの3人だった。

9月2日、ポアンカレはエリゼ宮を後にして政府の移転先のボルドーに引っ越す。大統領一家がエリゼ宮に戻るのは「マルヌの勝利」のずっと後、12月9日だ。同11日にはエリゼ宮で閣議が再開されたが、戦争は膠着《こうちゃく》状態からなかなか抜け出せなかった。

開戦3年目の1916年10月28日、エリゼ宮は「歴史的建造物」に指定された。非常事下でも、歴史学者らがこういう問題で会合を開き、文献を調べたりするところが、いかにもフランス的だ。あるいは歴史的建造物に指定しておけば空襲などの被害を受けた時、修理費用の管轄官庁が明瞭《めいりょう》になるというフランス的現実主義によるのかもしれない。

この名誉ある決定とは裏腹に、エリゼ宮は戦時体制特有の陰気な空気に包まれていた。レセプションは開かれず、シャンデリアの照明は落とされた。そんな中で閣議だけが活発に続けられ、内閣が次々とかわった。

17年11月13日、ついにクレマンソーが再登場した。ポアンカレはこの日、日記に政敵の首相就任をこう書き記した。「虎がやってくる。彼は肥満していた。難聴度も増えている。知性はまったく無傷だが、健康は？　意思は？　このどちらかが損なわれていることを恐れ、次第に冒険を犯したのではないかとの危機感にとらえられる。しかし、この手に負えない男は愛国の意見を持ち、もし私が彼を（首相に）任命せずに他の組閣を行なっていたら、彼の伝説的な力がその内閣を弱体化させることになろう」

クレマンソーはこの時、76歳。ポアンカレが予想したとおり愛国の情に燃え、閣議をリードした。ポアンカレとクレマンソーに共通点があるとすれば、燃えるような愛国心というこの一点だ。この年の暮れ、ドイツは長距離砲でパリ市を爆撃しはじめた。エリゼ宮が標的の1つであることは明らかだったので、隣家の英国大使館の住人はしきりに「狙いが外れないように」と祈ったとか。

18年11月11日の朝、クレマンソーの側近のマルダック将軍がエリゼ宮のポアンカレの寝室にやってきて、報告した。「今朝5時、休戦条約が署名されました」。彼の後に続いてクレマンソーもやってきた。そして午後、ポアンカレは戦勝閣議を開いた。しかし国民議会で戦勝の朗報を報告したのは大統領のポアンカレではなく、首相のクレマンソーだった。国民議会はクレマンソーとフォシュ将軍に対し、「国家に対する貢献度大である」との採決を行なったが、ポアンカレは無視された。勝利を知って国民議会前に押し寄せた群衆はそのままエリゼ宮にまでやってきたが、こう叫んだ。「フォシュ、万歳！」「クレマンソー、万歳！」。連合軍司令官と首相の名は叫んだが、大統領の名を口にする者はいなかった。

しかしエリゼ宮には同盟国の国家元首たちが次々にやってきて勝利を祝したので、ポアンカレは多少、慰められたはずだ。

苦い戦後処理

1918年12月14日、ウィルソン米大統領がエリゼ宮にやってきた。米国大統領がエリゼ宮を訪問したのはこの時が初めてだ。戦時中、米国の若き海軍省事務次官フランクリン・ルーズベルトもエリゼ宮を訪問したが、ポアンカレは戦時中とあって、ほとんどの訪問客を断っていたが、この時は同盟国の重要人物として丁重に迎えた。

フランス側は第一次世界大戦と第二次世界大戦の同盟国米国に大いに敬意を表し、アルマ橋からトロカデロ広場までのパリで最も美しい大通りをプレジデント・ウィルソン通り、シャンゼリゼ大通りと垂直の大通りをフランクリン・D・ルーズベルト通りと命名し、ルーズベルトの方は地下鉄の駅名にもなっている。フランス人にしてみれば、ルーズベルトがなぜ、フランスを蔑視し、ドゴールを嫌悪したのか、なぜ米英ソだけで第二次世界大戦の後始末を協議したヤルタ会談を行ない、ドゴールを排除したのか、理解に苦しむところだ。

かくてエリゼ宮はかつての華やかさを取り戻したが、ヴェルサイユ宮殿では過酷な会議が続いていた。第三共和制の憲法では「大統領は交渉し、批准《ひじゅん》し……」となっているが、実際に交渉に当たったのはクレマンソーだった。

第一次世界大戦の講和条約ヴェルサイユ条約は一般に敗戦国ドイツに対して過酷だったのでドイツが復讐《ふくしゅう》心を募らせ、第二次世界大戦の遠因になったとの解釈がある。しかし戦勝国フランス側にとっても、「あらゆるエネルギーと希望をつぎ込んだのに、希望したものは得られないという実りの薄い苦い結果をもたらした悲劇的条約」（哲学者アンドレ・グリュックスマン）ということになる。

クレマンソーは当初、フォシュとともに普仏戦争以前のフランスの領地、ロレーヌ地方の領有だけではなく、ザール地方の領有やライン河をフランスの安全保障の線とするように要求した。しかし米英は、ドイツへの圧迫がロシア革命を成功させたボルシェビキの台頭を助長させるとし、反対した。

クレマンソーは結局、こうした米英の意向を無視するわけにはいかず、米英の対仏保障を条件に、ライン川左岸のドイツからの分離という要求を取り下げ、ラインランド（ライン川地方）の非武装化とライン川要地の15年占領、ザール炭田のフランス所有と採掘権承認を獲得したが、これはフォシュ元帥には妥協の産物と映った。

第三共和制時代、閣議では議事録は取らないことになっていたが、ポアンカレはこの時に限って、フォシュ元帥の参謀長ヴェーガン将軍に議事録を取ることを特別に許可した。クレマンソーの主張によってこの戦争処理が決定したことを後世に知らせたいと考えたからだ。連合軍賠償委員会は21年に総額1320億金フランの賠償金を決め、うち58%をフランスが受け取ることになった。しかし、連合軍は同年暮れに、この「天文学的数字」の賠償金の支払いは困難とし、ドイツの支払い延期を早々に決めた。賠償金は結局、満足に支払われず、フランスは戦争中の国債を抱えて財政危機に陥った。

一方、ポアンカレは戦時中、何度か悔し涙にむせんだが、戦争終結直後、クレマンソーとフォシュを連れてアルザス・ロレーヌを訪問し、群衆の歓呼の声の中で、ペタン元帥に元帥のしるしの杖《つえ》を渡した。この日、日記に、「これで私は死ねる」と書いた。遅ればせながら、20年1月、国民議会の採決で「国家に対する貢献度大である」と認められたことを多とした。

狂気の時代

「西洋文明も滅びることがある」とフランスの詩人ポール・ヴァレリーは言った。フランスで第一次世界大戦が今でも「大戦争」と呼ばれるのは初の本格的国民総動員に加え、戦死者が約150万と膨大だったからだ。父が兄が叔父がいとこがと、一家の誰かが戦死し、悲しみも深かった。跡取りが戦死し、家系が絶えた貴族も多い。プルーストの『失われた時を求めて』にもそんな貴族が登場する。

しかもフランの暴落で1914年に1ドル＝5・45フランだったのが26年に50フランに下落。ブルジョアは家代々に伝わる財産では暮らしていけなくなった。フラン暴落は第一次世界大戦の同盟国米国や英国に有利となり、大量のアングロサクソンがパリにやってきた。ヘミングウェーや「失われた世代」のアメリカ人もこの一群にいた。

高いドルやポンドを持ってパリにやってきた彼らの存在もヨーロッパの19世紀的残滓《ざんし》を葬り去るのに一役買った。パリっ子たちは彼らとともに浮かれながら、あらゆるツケはそのうちに敗戦国ドイツが支払ってくれると信じていた。フランス文化の栄光の頂点でもある20～30年代の「レ・ザネ・フォル（狂気の時代）」は、こうした時代の喪失感と悲しみと狂騒の中から生まれた。シャネルの香水「5番」が誕生したのは21年だ。アルデヒドなど初めて化学合成品が調合された香りは、薬瓶のようなモダンな容器とあいまって新時代20世紀を象徴していた。

「勝利の父」クレマンソーは自他共にレイモン・ポアンカレの後任になると思われたが、結局、大統領に選出されなかった。毒舌に悩まされてきた政治家が長年の恨みを晴らそうと、反クレマンソーで結束したからだ。

また「野心よりも誇りの方が強い」と評されたクレマンソーは、みんなにかつぎ出される形を取りたかったので自ら出馬表明せずに推薦を待ったが、誰も推薦しなかったため立候補宣言が遅れた。政教分離に不満なバチカンとフランスの保守派も、カトリックに理解のある人物を探したのだ。

結果として20年2月、下院議長のポール・デシャネルがポアンカレの後任になった。第三共和制史上、最多の得票数での大統領選出だったが、就任後に奇行が目立ちはじめた。エリゼ宮は「大統領は激しい流感で臥《ふ》せっている」という発表を繰り返すようになり、結局は同年9月に突然、辞任した。

エリゼ宮の住人はこの時代から第二次世界大戦勃発《ぼっぱつ》までの約20年間にポール・デシャネ

ルを含めた5人――アレクサンドル・ミルラン、ガストン・ドゥメルグ、ポール・ドゥメール、アルベール・ルブラン――だ。

ところで、ポール・デシャネルは就任演説で「諸君は私をフランス人全員の大統領として選んだ。私は今後もそうでありたい」と述べた。この「フランス人全員の大統領」という表現は後に、ミッテランやシラク、さらにサルコジに伝承され、「共和国大統領の地位は党派を超えた存在である」という意味で使用されるようになった。

また、「大統領は激しい流感で臥せっている」という表現は、第五共和制第2代大統領ポンピドーが白血病に侵された時も使用された。真ん丸に膨れ上がった顔は、抗がん剤コルチゾンによるムーン・フェースであることは周知の事実だった。ポンピドーは明晰《めいせき》な頭脳を保ったまま死の数日前まで閣議を主宰した。

千客万来の華やかなレセプション

1920年9月にエリゼ宮入りしたのは、アレクサンドル・ミルランだ。ミルランは第一次世界大戦当時、戦争大臣を務めただけあって外見も強靭《きょうじん》なら精神もタフで、「大アレキサンドル」と呼ばれた。エリゼ宮では病身の前大統領の陰鬱《いんうつ》な雰囲気と第一次大戦の辛い思い出を吹き消すように華やかなレセプションが開始された。21年7月にエリゼ宮で開かれたレセプションの招待名簿にはポーランド独立後初の国家元首、ユセフ・ピウスツキやエチオピアの皇帝になるハイレ・セラシエなどに交じって、英仏など欧州5カ国訪問中（1921年3月3日～9月3日）の日本の皇太子裕仁《ひろひと》の名もあった。

エリゼ宮の正面玄関で国家元首以下、閣僚がそろって記念写真をとる習慣が生まれたのもミルラン時代である。ミルランは対独強硬外交に反対した首相のブリアンを更迭《こうてつ》し、20年にポアンカレを後任として呼び戻した。大統領経験者が任期終了後、首相の座に座るのはこれが初めてだった。ポアンカレは大統領時代に制限されていた力を首相になってから発揮し、ドイツの賠償金支払い不履行を理由にルール占領を行なったものの人気は下落。24年5月の総選挙で左翼連合のカルテル・ゴーシュが保守連合のブロック・ナショナルを破って勝ったため、辞任した。

ミルランも任期3年を残して大統領を辞任したが、ポアンカレの方はまたもや、後任大統領のガストン・ドゥメルグに呼び戻され、首相としてドイツの侵入を防ぐ長大な国境沿いの要塞《ようさい》マジノ線の建設にゴーサインを出したが、29年7月に病気で辞任した。

強硬派のポアンカレに対してブリアンは「平和の使徒」と呼ばれた。25年には仏独国境の現状維持を含む欧州安全保障を定めたロカルノ条約を結び、26年、ドイツのシュトレーゼマンとともにノーベル平和賞を受賞した。しかし、あらゆる条約の歴史を見てきたヨーロッパでは、誰も条約の永劫《えいごう》性を信じていなかった。むしろ条約は破るために結ぶという認識の方が強かった。ブリアンがクレマンソーやポアンカレに比べて、影が薄いのも、こうした認識が背景にあるからだ。

しかも1929年秋に米国で始まった大恐慌の波は31年の英ポンドの切り下げ、33年のドルの平価切り下げとなってヨーロッパ大陸に重くのしかかり始めていた。ただ、フランスはまだポアンカレ金貨の魔力を信じており、多額の出費を要したマジノ線の工事に踏み切った。しかし、難攻不落と信じられたマジノ線は第二次世界大戦では結局何の役にも立たず、時代の遺物と化した。

暗殺、再び

パリ16区の高級住宅地の中でも豪華なアパートが多いのがポール・ドゥメール大通りだ。第五共和制3人目の大統領で貴族の称号もあるジスカールデスタンは14歳だった1940年6月18日、ここのアパートで両親とともにロンドンからBBCが放送したドゴール将軍のレジスタンスの「呼びかけ」を聴いたという。

ドゥメールは31年6月13日に就任した第三共和制13代目の大統領の名だ。就任した日、「この数字では暗殺されること必定ですな」と冗談を言った。不吉な数字の13が重なったからだが、このとき誰も、冗談が正夢になるとは思わなかった。

トロカデロ広場からパシー通りを貫く約1キロの大通りは現在、富裕のシンボル的な住宅地となっているが、ドゥメールは歴代大統領の中でただ1人、正真正銘の労働者の息子だ。ドゥメールほどフランス共和国の良い面を具現している人物はいないのではないか。父親は鉄道の敷設員だったが、早くに死亡。未亡人となった母親はお手伝いをして息子を育てた。ドゥメールは昼間はメダル工場の見習いとして働き、夜学に通ってバカロレア(大学入学資格試験)に合格。学位を取得して数学の教授になった。次にジャーナリストを経て議員となり、官房長、大臣と出世し、大統領に就任したのは74歳の時だ。

アルコールもたばこもたしなまず、税の公平の原則を尊重し、熱心な所得税論者だった。第一次世界大戦で4人の息子を亡くしたせいか、いつも表情は悲しげだった。しかし、誰かがお悔やみを述べると、「その死が有用なら、死はなんでもない」と答えるのが常だった。4人の息子のうち2人が重傷を負った時、兵役免除の対象にするよう勧められたが、「私の息子たちは祖国を愛し、危険を愛しています。私には彼らを免除にする権利がありません」と述べた。

毎朝5時に起床して執務に励み、バカンスも取らなかった。重要な任務についている時は「病気になる権利がない」と言って、病気もしなかった。そして毎日、大統領あてに到着する大量の手紙にきちょうめんな筆跡で自分で返事を書いて署名をした。書類も秘書に渡さずに自分でエリゼ宮の長い廊下を歩いて運んだ。代々のエリゼ宮の住人が伝統的に行なった改修工事も、「今は無駄遣いをする時ではない」と言って、拒否した。

担当の新聞記者が気晴らしに大統領をカジノ・ド・パリに連れ出すことに成功したが、上半身ヌードの踊り子を見た大統領は途中で抜け出した。しかしエリゼ宮での豪勢なレセプションは従来通り、きちんと行なった。エリゼ宮の83歳の庭師にはレジョン・ドヌール章を授与した。32年3月に家族手当法案に署名したのもドゥメールだ。同年5月初め、昼食に招待した首相のタルデューが、ある高名な学者にレジョン・ドヌールを与えてほしいと言うと「もちろんです。貴方《あなた》がコーヒーを飲んでいる間に推薦の手紙を書きましょう」と言った。首相が「とんでもない、大統領閣下。今でなくても結構です」と言うと、「でも明日、私は死ぬかもしれません。誰が1時間後のことがわかりましょう」と答えた。

数日後の5月6日、ある戦争作家の作品の競売のオープニング式典に出席の途上、ロシア人の精神障害者に狙撃されて死んだ。共和国大統領として、1894年のカルノに続く非業の最後だった。就任からわずか11カ月後だった。

秀才大統領の欠陥

1932年、14代目の大統領にアルベール・ルブランが選出された。秀才校のポリテクニックを1番で卒業し、卒業生のうち上位数人が入学できる鉱業学校（エコール・ド・ミン）にも1番で入学した。カルロス・ゴーンもポリテクニックからエコール・ド・ミンに進学した秀才組だ。

父親はロレーヌ地方の農民で、息子にも農業を継がせるつもりだったが、伯母が甥《おい》の記憶力の良さに注目して、進学させることを強く勧めた。ルブランは家族の期待には応えたが、かならずしも国家の期待に応えたとは言い難い。ある種の秀才にありがちな細部へのこだわりすぎから、大所、高所からの見解に欠けていたからだ。

ただ、個人的権力への志向がなかったのが長所だった。こうした特徴は強力なリーダーシップを期待されていない第三共和制の大統領としては理想的な性向といえたが、第二次世界大戦を前にしたフランスにとっては災難だった。

ルブランがエリゼ宮に残した遺産としてわずかに挙げられるのは、第二次世界大戦の戦火の迫った1937年、地下に防空壕《ごう》と集中暖房の装置を設置したことだ。もっともこのころには大半の家庭では同様の措置を行なっていた。

ドゴールは後に、ルブランについて「国家元首として彼には2つの認識が欠けていた。彼が元首であることと国家があるということだ」と手厳しい批評を下した。第二次世界大戦が終了し、ルブランはヴィシー政権で戦時中に中断された自分の任期がまだ残っていると主張して、ドゴールに手紙を書いたが、ドゴールはこの手紙を無視した。

ルブランは近眼だったが、人前ではメガネをかけなかった。このため常に目が赤く、泣いているような印象を与えた。確かに、ルブランの就任後、フランスは泣きたいような事件が相次ぎ、そのまま、第二次世界大戦へと突入した。

まず1934年2月6日に暴動事件が発生した。国民議会（下院）を取り巻く右翼団体や在郷軍人、それに一般市民も加わった群衆の怒号は、コンコルド広場を越えてエリゼ宮まで響いた。彼らの怒りは、前年暮れの「スタヴィスキー疑獄事件」で判明した汚職議員や高官、そして彼らを生んだ政府に向けられていた。

大恐慌対策として政府がとったデフレ政策で官民の給料は引き下げられ、生活条件が悪化していた。そこに発生したのが、国際的詐欺師のセルジュ・アレクサンドル＝スタヴィスキーによる詐欺事件だった。下院議員や高官の連座が判明し、国民の不満は頂点に達した。スタヴィスキーは34年1月にシャモニーで死体で発見されたが、自殺か他殺かは今もって不明だ。

コンコルド広場に結集した群衆は6日夕には数万に膨れ上がり、収拾がつかなくなった。なだれのように下院に押し寄せた群衆に警官隊が発砲し、死者は16人、重傷者は200人に達した。9日には6人が死亡し数百人が負傷。逮捕者は約1200人に上った。

この騒乱事件がきっかけで35年6月末には社会、共産、急進社会党による左翼連合、人民戦線が結成された。36年1月には共同綱領が発表され、4、5月の総選挙で大勝した末に6月、レオン・ブルムの人民戦線政府が誕生した。

迫るドイツの軍靴

人民戦線内閣は団体協約法や週40時間労働や名高い有給休暇制を実現させた。この間、ルブランは相変わらず、エリゼ宮の住人としてとどまり、相変わらず泣いたような赤い目をしていた。

確かにルブランの涙は乾く暇がなかった。国外では34年8月に、ドイツの大統領だったヒンデンブルクが死去してヒトラーが総統に就任した。ソヴィエトでは粛清が始まった。35年1月には住民投票によってザール地方のドイツ復帰が決まり、同3月にはドイツがヴェルサイユ条約を破棄した。

一方、人民戦線に反対する銀行家や実業家は、巨額の金フランを国外に逃避させた。4月の総選挙から6月のブルム政府誕生までの間に115億フランが海外に持ち出された。1981年にミッテラン社会党政権が誕生した時も一時的に同様の現象が発生。フランス人の「ハートは左、財布は右」という性癖が立証された。それにしても、このフランス人の反国家的ともいえる態度は不可解だ。激しい愛国心とどう関連付けたらよいのだろう。

人民戦線当時はフランの国外流出を阻止するために切り下げが行なわれたが、これによって実質的に賃金が引き下げられた国民は不満を高めた。人民戦線政府は結局、財政政策が労働者の支持を得られないまま、38年には崩壊した。

一方、海外では36年7月にスペインで内乱が発生し、11月には日独防共協定が締結。37年にはこれにイタリアが加わった協定が結ばれたが、フランスにとっては防共というより、事実上の日独伊の三国同盟条約に写った。歴史は38年3月のドイツによるオーストリア併合、9月のチェコスロバキアのズデーデン地方割譲を決めたミュンヘン会議と進むわけだが、ルブランは39年4月5日に再選された。

友人の中には、立候補に反対し、「戦時の大統領になりますよ」と忠告する者もいたが、ルブランは「だからこそ（立候補の要請を）受け入れるのだ」と述べた。実際、この数カ月後の9月1日にドイツ軍がポーランドに侵攻、英仏が対独宣戦布告して第二次世界大戦が勃発《ぼっぱつ》。40年5月にはドイツ軍がベルギー、オランダ、ルクセンブルクに侵入。ロンドンにはベルギーとオランダの、カナダにはルクセンブルクの亡命政府ができた。ロンドンでは、チャーチル率いる挙国一致内閣が誕生した。

5月25日、エリゼ宮ではスペイン大使から国務相に就任したフィリップ・ペタン元師が参加して閣議が開かれた。しかしこの、ヴェルダンの戦いを勝利に導き「第一次世界大戦の英雄」と国民から尊敬を一身に集めていたペタンは閣議の間中、ほとんど居眠りをしていた。

ペタンはフランス降伏後、対独協力政権、ヴィシー政府下で国家元首となる。ドゴールは第二次世界大戦後に出版した『大戦回顧録』に、「ペタンは1925年に死んだ」「老齢は難破だ」と書いて、ペタンを批判した。ペタンはサンシールの陸軍士官学校や戦争大学を卒業した優秀な兵士だったが、ドゴールのように歴史や文学、哲学などに関する深い知識がなかった。

歴史家のアンリ・ミシェルも、「ペタンはおのれの遂行すべき仕事についての十分な知識を持っていなかった」と述べ、フランスの国家元首として複雑な国情を抱える欧州の指導者に必要不可欠な教養に欠けていたと断罪した。

第三共和制の光と影

「良い生活とはフランスで、神のように暮らすことだ」——ドイツの詩人、ゲーテはフランスに対する憧憬《しょうけい》をこう表現した。確かに19世紀末から20世紀初頭にかけてのフランスは普仏戦争の傷もどうやら癒え、〝まぐれ〟で生まれたといわれた第三共和制も生き延びていた。文化の爛熟《らんじゅく》期「ベルエポック」を迎え、外国人の羨望《せんぼう》の的でもあった。

この時代にフランス文学界は、ポール・クローデル、ポール・ヴァレリー、マルセル・プルースト、アンドレ・ジッドの〝4大作家〟を生んだ。ランボオ、マラルメ、ベルレーヌの3人の象徴詩人、少し遅れてアポリネールもいる。フローベル、ゾラ、アナトール・フランス、アルフォンス・ドーデー、モーパッサンもいる。彼らの作品は日本をはじめ世界中で翻訳されている。

〝失われた世代〟のヘミングウェーやフィッツジェラルド、ガートルード・スタイン、エズラ・パウンドらアメリカ人作家もセーヌ川の左岸に陣取っていた。画家にはセザンヌ、ルノワール、ゴッホ、モネ、マネ、ドガ……そしてピカソにマチスがおり、彫刻家にはロダンがいる。こんなにも芸術がいっせいに開花した時代が、ほかにあっただろうか。日本人の「文化大国フランス」のイメージも、この時代を土台に形成されたはずだ。

それが、なぜ、1940年夏、あっけなく崩壊し、そして「わが国の歴史から抹殺すべきあの4年間」(第二次世界大戦の戦犯を裁いた粛清裁判のアンドレ・モルネ検事総長)とフランス人が今も、悔恨と苦悩にさいなまれることになるヴィシー政府の誕生、第二次世界大戦での事実上の敗戦を迎えることになったのか。

パリ在住だった米人記者ウィリアム・シャイラーは日記にこう書いた。「私がここで見るものはフランス社会の完全な倒壊——陸軍、政府、人民の士気の崩壊だという感じがする。信じるには、あまりにも途方もない」と。パリ大学教授マルク・ブロックも、「われわれの長い国民生活の物語の中で、もっともすさまじい壊滅だった」と述べている。

フランスが機械文明の世紀である20世紀への挑戦に乗り遅れたことも第三共和制の崩壊の要因の1つにあげられる。英国など欧州諸国が蒸気や石炭、鉄鋼の時代に入ってもフランスはまだ、木材や風車、水車に固執した。

第三共和制の初期、フランスは英国に次ぐ工業国で貿易国だったが、第一次世界大戦が始まった1914年当時はドイツ、英国、米国に次いで4位。個人所得も米国の約半分で、フランスの全労働者の半分以上が100人以下の中小企業で働いていた。

フランスは現在も、経済基盤が福祉重視の「社会モデル」であるように、困った時には政府が面倒を見る「親方三色旗」的な面があり、半国営的企業も多い。精神基盤的には農業国で、職人芸を尊重し、投機や大量生産などを〝まやかし〟と見る傾向も残っている。

さらに足を引っ張ったのが政治制度である。ドゴールは、第三共和制政府の末端からその崩壊を見た。首相として短期間ながら指揮した第四共和制は短命に終わった。1958年に採択された第五共和制憲法で大統領権限を拡大した時、ドゴールには、両共和制から得た教訓があったに違いない。

ヴィシー政府

ドゴールが第三共和制最後の首相ポール・レノーの内閣に「戦争省付き閣外相補」というさえない肩書で入閣したのは1940年6月6日だ。軍人の階級は将軍だったが、それも創設されたばかりの第4装甲師団を指揮するために便宜的に与えられたもので将軍の階級としては最低の2つ星だ。政府のボルドー移転を決めたエリゼ宮で開かれた第三共和制最後の閣議にも閣外相補だから、もちろん、出席しなかった。

大統領のルブランはロレーヌ地方の出身なので休戦に反対したが、副首相のペタンは休戦を支持した。大統領は憲法上は軍隊の長でもあるが、「第一次世界大戦の英雄」には勝てなかった。同14日、独軍がパリに入場。同日、政府はパリを後にボルドーに移転した。以後、エリゼ宮は1947年1月16日に第四共和制が成立し、初代大統領にヴァンサン・オリオルが就任するまで門を固く閉ざすことになる。

40年6月16日にペタンが国家元首に就任し、22日に仏独休戦条約が結ばれた。政府はボルドーからさらに移転した仏中部ヴィシーで7月10日に上下議員による合同会議を開き、ペタンに憲法の制定権を与える採決、すなわち、対独協力政権ヴィシー政府容認の是非を問う採決を行なった。

上下議員932人のうちヴィシーにやってきたのは666人。うち649人が投票し、賛成569票、反対は80票だった。ヴィシー政庁の建物は現在、オペラ座として使われているが、入り口のプレートにはこの80人の反対議員の名前が記され、対独協力に反対した議員が少数だが存在したことを強調している。

第三共和制は、根をおろす1879年までに12の内閣が誕生し、第一次世界大戦までにさらに50の内閣が誕生した。第一次世界大戦後はさらに交代が早く、内閣の寿命は平均6カ月になった。ところが、登場人物はいつも同じ。ブリアンは首相を11回、外相を17回務めた。7つの内閣では外相と首相を兼任するなど、25の内閣に入閣している。

ところがパリ市内のブリアンの名を冠したアリスティード・ブリアン通りは国民議会近くのほんの200メートルの短い通りだ。第二次世界大戦前にノーベル平和賞を受賞した平和主義者、つまり無抵抗にドイツ・ナチスの侵攻を許した政治家との認識が、フランス人にあるからだろうか。もっともブリアンの平和主義は第一次世界大戦後のフランス人の一般的気分を代表していた。「心身ともに疲れ果て、平和主義者になり、その結果、戦略もおのずと防衛が基本になった」(哲学者アンドレ・グリュックスマン)からだ。フランスでは、「平和主義（パシフィスト）」という言葉は否定的に使われる。フランスの代表的辞典『プチ・ラルース』は、「パシフィズムはしばしば戦争と寛容、犯罪を増殖させる」というマルセル・プルーストの文章を文例として引用している。

平和主義者の一方には、反ユダヤ主義を唱えて共和制を倒そうとする極右もいた。シャルル・モーラス率いる極右組織「アクション・フランセーズ」の同名の機関紙はヴィシー政府の機関紙的役割を果たし、ナチスに積極的に協力した。「4つの外国種の汚毒者」として新教徒、ユダヤ人、フリーメイソン、移民を挙げた。発行部数は5万だったが、読者層は貴族や大ブルジョア階級、高級官吏、弁護士、医師、作家、ジャーナリストら指導層が多く、次第に世論を構成した。モーラスは戦後、戦犯として終身刑になった。

共和国の行方

シャルル・ドゴールがフランス共和国大統領としてエリゼ宮入りしたのは1959年1

月8日だ。68歳だった。

「パリ！　侮辱されたパリ！　うち砕かれたパリ！しかしいまや解放されたパリ！」

1944年8月25日にパリに戻ったドゴールがパリ市庁舎でこの「パリ解放」の短い演説を行なった時、パリ市民の大半はこの後、ドゴールがエリゼ宮に向かうと信じて疑わなかった。ところが、エリゼ宮には向かわずに、パリ7区にある国防省（マクロン政権では軍事省）、当時は戦争省と呼ばれていた建物に向かい、ここに執務室を構えた。第三共和制最後の首班ポール・レノーから戦争省の閣外相補に任命され、就任1週間後の6月14日にロンドンに亡命してから、実に4年ぶりの帰還だ。エリゼ宮の屋根にはこの日、三色旗が再び、翻った。隣家の屋根に上った対独協力の民兵が狙撃する中、エリゼ宮詰めの共和国儀仗兵がそれまで大事に保管していた三色旗の掲揚を門衛に命じた。

ヒトラーはパリを撤退するドイツ軍にパリに火を放つように命じたが、ドイツ軍司令官コルティッツはこの命令に従わずに同日、午後3時に降伏文書に署名した。こうして「パリ燃ゆ」の悲劇は回避された。ドゴールがパリに入城したのはその1時間後だった。

ドゴールは翌26日、凱旋門下にある無名戦士の墓を詣で、約200万人の市民が歓喜と歓呼で埋め尽くしたシャンゼリゼ大通りを文字通り、凱旋行進した。

ドゴールはエリゼ宮入りしなかった理由について、『大戦回顧録』の中で、「私の座る場所も将来の制度も予断させせないため」と記している。確かにこの時、ドゴールの肩書は「共和国大統領」ではなかった。大統領府であるエリゼ宮入りする正当性はないというわけだ。ドゴールは前年6月に自由フランス国民委員会（CFLN）をアンリ・ジロー将軍と結成するが、11月には米国の押すジローを排して議長に就任。9月に「共和国臨時政府（CFRF）」の首班に就任したが、大統領ではない。いかにも軍人らしい厳格さがうかがえるが、フランス共和国への尊重やこだわりも強烈に感じられる。

エリゼ宮は1940年6月にルブランが大統領として主宰した閣議でパリ脱出を決めたのを最後に門を閉ざし、47年1月16日にヴァンサン・オリオルが第四共和制の大統領として正式にエリゼ宮入りするまでの約6年間、空き家だった。うち4年間が「わが国の歴史から抹殺すべき4年間」（粛清裁判における検事総長アンドレ・モルネ）とフランス人が今も後悔しているドイツ占領とヴィシー政府による対独協力時代だ。

ドゴールがパリ支庁舎で行なった演説は単なる感動的な美辞麗句ではなく、極めて政治的意味を持っていた。パリ市民は、ドゴールがこの時、共和制の復帰を宣言すると考えていたのに対し、ドゴールは「共和制は続いている。ヴィシーはニュル（NUL　無効）」と言い放った。ヴィシー政府は存在しなかったというわけだ。この言葉の意味は実に重い。

ドゴールが「無効」と断言したのは、対独協力政府への憎悪といった感情的理由からではない。自由解放当時、フランスは共産主義の脅威にさらされると同時に、国内はレジスタンスと対独協力に二分され、内戦状態に陥る危険が十分にあったからだ。

国内融和《ゆうわ》と復興を優先させる必要があった。いつまでも対独協力問題にかまけるわけにはいかなかった。第二次世界大戦で事実上、敗戦国だったフランスの戦後は混乱の極みから始まった。モーリス・トレーズ率いる共産党は90万の党員を誇り、最大労組の労働総同盟（CGT）を指揮していた。加えて欧州を救済した米国が世界の覇者となり、植民地を背景にしていた英仏など欧州の帝国主義時代は終わりを告げていた。仏領では蜂起があいついだ。この時点で、フランスは本土の8倍の植民地を有していた。ジスカールデスタン政権時代にヴィシー政府の高官だったモーリス・パポンが予算相を務めた背景には、こうした経緯があった。対独協力問題が改めて噴出したのは東西冷戦が終了してからだ。パポンも「人類に対する罪」で裁かれた。

この「ヴィシーは無効」の考え方は第五共和制の大統領に代々、受け継がれ、戦争中の1942年7月16日に起きた「ベンドローム・デイベール事件」の責任逃れの理由にもなってきた。パリ市内の自転車競技場でドイツのゲシュタポ（ナチス・ドイツ国家秘密警察）ではなく、フランス当局が直接、パリ在住のユダヤ系住民1万3000人を一斉検挙した事件だ。ミッテラン大統領の代まで、フランス政府はユダヤ系住民への正式謝罪を拒否してきた。政府の責任を認めたのはシラクが一期目の大統領として就任した1995年の記念日だ。シラクの2期12年に及ぶ任期の中で、この「フランス政府の責任」を認めた行為が最も高く評価されている。

ドゴールが「ヴィシーは無効」を宣言した、もう1つの理由は、「偉大な国」としてフランスを国際社会に復帰させることだった。それにはまず、米英を説得して戦勝国の仲間入りや国連常任理事国の座を獲得する必要があった。国内が混乱していては、この夢は果たせなかっただろう。

しかし、ドゴール自身、1944年の時点で、エリゼ宮入りするまで長い年月を要するとは考えていなかったはずだ。ドゴールは提案した大統領の権限を強めるという憲法草案が国民議会の新憲法制定委員会によって拒否されると、46年1月にGPRF議長を辞任し、政界を引退してしまった。GPRF議長にはその後、人民戦線の首相だったブルムなどが返り咲いて後任となったが、ドゴールさえエリゼ宮入りしなかっただけに、誰も大統領府には足を向けなかった。

ドゴールの復帰はアルジェリア戦争の混乱を待たねばならなかった。1954年11月、弾圧への報復から生まれたアルジェリア民族解放戦線（FLN）によってアルジェリア全土の仏軍兵舎への同時襲撃から始まった戦争は1958年の春には泥沼状態になっていた。第四共和制の2代目大統領のルネ・コティの執務机の上には毎日、国民からのドゴールを首相に任命するようにとの要望書が何千通となく到着しはじめた。コティがアルジェリア戦争を解決できる「フランス人の中で最も輝かしい人」ドゴールの復帰を決めたのは同年5月だった。

同年9月にドゴールは新憲法草案を提出し、同月末には国民投票で可決。12月に新憲法による大統領選（間接選挙）でドゴールは78・51％を獲得して晴れて大統領に就任した。ドゴールはコティとの権限移譲式で、こう述べた。「パリが首都になってまもなく1000年、フランスはその名を名乗り、国家が機能している……」

列席した者は全員、この演説を聞いて、第五共和制が、第四共和制とはまったく異なるスタイルの体制であることを直感した。

大統領に強大な権限を委譲している点が最大の特色である第五共和制の憲法は前年の58年9月4日に草案が発表され、同28日の国民投票で採択された。

ドゴールはすでに1945年7月17日の演説で、こう述べている。「この1世紀半にフランスは13の憲法を持った。12年ごとに新憲法が制定されたわけだ。1875年から1940年の65年間に102の内閣を送り迎えした。この間に米国は14、英国は20の内閣を持ったにすぎない。このようなフランスの体制は現代の厳しい時代の条件に適応するとはいえない」

『大戦回顧録』でも、「議会制は民主主義の唯一の形式でもなければ、その純粋な形式でもない。私としては権力の分立と均衡の上に基礎をおく大統領制が最良のものと思われた」と述べている。

しかし、ドゴールの考えはすぐには受け入れられず、46年10月には第三共和制憲法と双子のような第四共和制憲法が公布された。

ドゴールの理想はアルジェリア戦争という国難の際にやっと第五共和制で実現されたが、目指したのはもちろん、独裁政治でもなければ権力そのものでもなかった。1969年4月28日に国民投票に敗れて大統領を辞任するまで、権力の象徴であるエリゼ宮には一度も愛着を感じたことがなかったといわれる。

エリゼ宮の執務室の壁には、風車と戦うドンキホーテの絵柄のタペストリーが前任者の時代から掛かっていたが、訪問者にはドゴール一流の皮肉に見えたかもしれない。

第五共和制憲法制定から半世紀以上を経た今、そのドゴールが愛したフランスの将来や、ドゴールが制定した第五共和制憲法の行方には、さまざまな分野から立ち昇る霧が薄く、あるいは濃くかかり、視野が判然としない。

絶対君主共和制

シャルル・ドゴールが制定し、1958年の国民投票で承認されたフランス第五共和制の憲法は、約2メートルという長身の将軍に合わせたといわれるように、大統領に「長大な」権限を与えている。

まず、任期が長い。当初は、「1期7年（何度も再選可）」だったが、5代目大統領のジャック・シラクが2000年9月に国民投票で憲法改正を実施し、「1期5年」に短縮した。任期短縮は1995年の大統領選時の選挙公約ではあったが、2002年春の大統領選を前に69歳になるシラクにしてみれば、旧規定のままだと2期目の任期満了時には76歳。再選を目指すには老齢を印象付ける「7年は不利」と判断したからだ。

4代目のフランソワ・ミッテランは7年の長い任期を「永遠のクーデタ」と言って批判していた。ところが大統領に就任後は任期短縮の公約も果たさず、1981～95年の2期14年を全うした。今後、この記録の更新は不可能とみられている。

ドゴール自身は68年に起きた学生・労働者・市民による反政府行動「五月革命」は乗り

切ったものの任期10年目の69年4月、上院・地方行政改革に関する国民投票に敗れて辞任した。

シラクは前述したように2005年に国民投票で欧州憲法の批准が否決された時、「ドゴールに倣《なら》って辞任せよ」との声に対し、辞任を一切口にしなかった。07年5月の任期終了まで務め、2期12年とミッテランに次ぐ長期政権の記録保持者になった。

しかし、第五共和制憲法の最大の特色は大統領の長い任期だけではない。「緊急措置権」と明記した第16条にある。

「共和国の制度、国家の独立、その領土の一体性またはその国際的取り決めの執行が重大かつ直接に脅かされ、かつ、憲法上の公権力の正常な運営が中断される時には共和国大統領は、首相、両院の議長ならびに憲法評議会への公式の諮問ののち、それらの事態に必要とされる措置をとる」

条件は付けてあるが、事実上の大統領の「独裁権」である。

ドゴールによる憲法制定当時、フランスはアルジェリア戦争（1954～62年）の泥沼化に悩んでいた。抜け出すには、こうした「独裁権」が必要だった。しかし、憲法制定から半世紀余、世界情勢は確かに、大きく変わった。植民地は独立し、東西冷戦も終結し、欧州連合（EU）は28カ国まで拡大深化を遂げたが、英国の離脱で27カ国になった。もっとも、フランス国内で目下、大統領の「独裁権」は問題にされていない。「イスラム国（IS）」のテロが横行し、緊急事態宣言が続行する現在、当分は必要な条項との認識があるのかもしれない。「第六共和制」と「反欧州」を主張して、2017年の大統領選に出馬した極左グループ「服従しないフランス」のリーダー、ジャン＝リュック・メランションが1回投票で20％近くの得票率を獲得しながら、結局は決選投票に進出できなかったことが、当分は「第五共和制維持」に「ウイ（承諾）」のフランス人の心情を象徴しているのかもしれない。さらに、多分に手前勝手なフランス国民には、「常に中央集権的な強い国家が必要かもしれない」（社会党重鎮マルチーヌ・オブリ）という指摘もある。

ともあれ、エリゼ宮を舞台にした権力の喜劇は当分、幕を降ろしそうもない。

おわりに

「エリゼ宮物語」の100回の新聞連載を終えた時、実感したのは、まだ、書き足らないとの思いだった。エリゼ宮の代々の住人が揃いも揃って個性に富み、1人だけで十分に100回連載する価値があるからだ。事実、住人の全員がさまざまな形で本の主人公になっている。ナポレオンに至っては、「死んだ翌日から現在に至るまでに40万冊以上が出版されている」と2006年の取材当時、言明したのはフランスの歴史作家、マックス・ガロだ。自身も4巻の大著を発表している。ガロはドゴール将軍に関しても3巻の大作がある。

エリゼ宮が第三共和制時代に正式に大統領府に制定されて以来、エマニュエル・マクロンは25人目の入居者だ。幸いにも産経新聞社をはじめ、周囲の支援と理解と協力で、エリゼ宮の住人のうち、フランソワ・ミッテラン、ジャック・シラク、ニコラ・サルコジを新聞社のパリ特派員として直接、取材する機会に恵まれた。フランソワ・オランドとマクロンも、エリゼ宮での記者会見や選挙キャンペーンをはじめ、現場で取材できた。

今、強く思い出されるのは１９９４年12月末に、末期ガンに侵されたミッテランが大統領として記者たちとの最後の賀状交換会をエリゼ宮最大の「祝祭の間」で行なったシーンだ。いかにも欧州主義者らしく、「フランスの偉大さと欧州の建設を切り離すな」と述べたほか、社会主義者らしくなく、「エスプリの力を信じる」など、枯れた声で約２時間、話し続けた。最後の方は声がかすれて聞き取れなかったが、約５００人近い内外の記者は、大統領の「遺言」として、シーンと静まり返って聞き入った。それから約1年後に後継者のシラクが、そのミッテランの死を告げたのは、96年1月8日の記者たちとの同じ広間で行なわれた賀状交換会の冒頭だった。その直後にフランス通信社（ＡＦＰ）が至急報で前大統領の死去を報じた。

エリゼ宮での賀状交換会には、常時、約５００人のエリゼ宮担当記者が出席し、大統領と握手したり、質問しようとして大統領の周囲に殺到するが、親日家であり、知日家のシラクは、わざわざ、日本人記者たちのところにやってきてくれた。99年1月の賀状交換会では、その直前にエリゼ宮で日仏首脳会談を行なった小渕恵三首相（当時）が、大相撲ファンのシラクに千代の富士の横綱をプレゼントしたので、「横綱を締めてみましたか」と冗談半分に質問したら、「マダム、横綱を締めるのは8人がかりで、簡単には締められません」とウンチクを傾けてくれた。ある年、真珠のブローチを付けていったら、「ミキモト!」と叫んだ。すっぱ抜きで知られる風刺週刊紙『カナール・アンシェネ』が、「シラク、日本人女性記者と日本語で話す」と報じたのには、笑ってしまった。

サルコジはシラクの親日ぶりを意識してか、大相撲の悪口を言ったのが大々的に報道されたこともあり、日本人記者を敬遠しているようにみえた。シラクは長身なので、記者の群れの中でも所在が知れたが、サルコジは埋没してしまい、探すのに苦労した。

サルコジは2007年5月16日の就任式には当選直後からマルタ島で過ごしたバカンスで真っ黒に日焼けして、エリゼ宮への第一歩の赤絨毯を踏んだ。「セシリア命」だったサルコジが彼女の機嫌取りでとったバカンスだったが、結局、こうした国家元首としての自覚と品格に欠ける態度が再選を阻んだ大きな要素になったと思う。内政ではリーマンショックをうまく乗り越え、外政ではシラク大統領時代に欧州憲法批准の是非を問う国民投票での否決で、欧州連合（EU）内で失墜したフランスの地位回復を、アンゲラ・メルケルとの良好な関係で成し遂げた。こうした評価が2012年の大統領選では十分に評価されなかったとの印象を持つ。

オランドの同居人ヴァレリ・トリルヴェレールはシラク大統領時代、エリゼ宮でのカトリーヌ・コロナ報道官のブリーフィングや首脳会議取材の同行機などで、よく見かけた。外国人記者などハナもひっかけない感じの傲慢な美人だったが、オランドが女優との密会がバレた後、彼女をエリゼ宮から事実上、追い出した時には、ちょっと気の毒に感じた。

「サンテーズ（総括）のオランド」と言われ、状況説明は上手いが、「決定はしないオランド」が、この時は早々に決定したのには驚いた。

オランドは記者に愛想がよく、「大統領府記者会」の年に一度の夕食会などに気軽にやってきて、携帯電話の撮影に応じた。マクロンはパリでの終盤の2度の選挙集会を取材した時、フランソワ・フィヨンの集会などと比較して支持者の熱狂ぶりから、当選を確信した。オランドは毎年、1月に記者会見をやったが、マクロンは会見嫌いとかで、7月14日の慣例の官民合同のテレビ・キャスターとの会見も中止した。7月13日のトランプ米大統領との共同記者会見が、就任後、初のエリゼ宮での会見となった。

エリゼ宮は老朽建物にもかかわらず、住人が代わっても、今後もフランスの権力の中枢であり続けるだろう。そして、欧州大陸のど真ん中で、老大国フランスが、グローバル化の波の中、欧州連合、国連常任理事国、主要国首脳会議（サミット＝G7）、北大西洋条約機構（NATO）などの主要加盟国の地位をいかに保持していくかを、見届け続けるだろう。

連載に当たり、歴史作家のジョルジュ・ポワソン氏をはじめ、マックス・ガロ氏、アンドレ・グリュックスマン氏に長時間、話を聞くことができたことに感謝します。ガロ、グリュックスマンの両氏は鬼籍に入っただけに貴重な機会だったと思う。１９２４年11月生まれのポワソン氏のご健勝を、この場を借りてお祈りさせていただきます。また代々のエリゼ宮関係者はもとより、仏外務省、エリゼ宮担当のフランス人記者やフランスの知人、友人にも貴重な話を聞けた。オフレコが条件の場合が多々あったので、名前は記載しないが、改めて深くお礼を申し上げる。連載中に貴重な情報を寄せてくださった東京・渋谷の福中亨氏をはじめ多数の読者から励ましをいただいたことも改めてお礼を申し上げたい。産経新聞連載当時にお世話になった東京編集局外信部、整理部など関係各所の皆さま方にも懐かしい思い出とともに感謝を捧げます。最後に文庫化を推進し、遠方の筆者とのやり取りなど、さまざまな点でお世話になった祥伝社書籍編集部の伊藤里江氏に深く深く感謝します。(文中一部敬称略)

２０１７年８月　パリで

山口昌子

参考文献　1

『Le Palais de l'Elysée』George Poisson
『Les vingt-deux présidents République française』Philippe Valode
『Dictionnaire Historique des rues de Paris』Jacques Hillairet
『L'Elysée Histoire et Décors depuis 1720』Jean Coural Cantal Gastinel-Coural
『L'Elysée hier et aujourd'hui』Claude Paserur
『Le Préident de la République』Histoire Spécial
『Tableau de paris』Luois Sebastien Mercier
『Napoléon』Max Gallos
『Les grandes heures de la Révolution Française』G. Lenoire A. Cactelot
『La vie quotidienne à l'Elysée au temps de Charles de Gaulle』Claude Dulong
『De Gaulle』Max Gallo
『C'était de Gaulle』Alain Peyrefitte
『De Gaulle pour mémoire』Odile Rudelle
『La contribution de la présidente de George Pompidou à la Ve République』Colloque National
『La vie quotidienne à l'Elysée au temps de Valery Giscard d'Estaing』Pierre Pellissier
『L'Elysée de Mitterrand, secrets de la maison du Prince』Michel Schires et Michel Sarazin
『Les sept Mitterrand』Catherine Nay
『Le dernier Mitterrand』George-Marc Benamou
『Une jeunesse française』Pierre Pean
『L'inconnu de l'Elysée』Pierre Pean
『La tragédie du Président』Franz-Olivier Giesbert
『Un Pouvoir nommé Désir』Catherine Nay
『Les Sarkozy』Pascale Nivelle Elise Karlin
『Les dames de l'Eysée』Bertrand Meyer
『Monsieur de Saint-Simon』George Poisson
『La Pompadour』Duc de Castries
『Madame de Pompadour』Evelyne Lever
『Mémorial de Ste Hélène』Le conte Las Cases
『Choses Vues 1830_1846』Victor Hugo
『La Commune Découvertes Gallimard』

参考文献 2

『La Commune 』(Photo Poche Histoire)
『L'affaire Dreyfus 』(Présentation par Michel Winock)
『Saint-Simon Mémoire』
『La Duchesse de Berry』André Cactelot
『Mémoires sur les Cent-jours』Benjamin Constant
『Alfred de Vigny』(Anatole France)
『De l'ancien régime et la Révolution』Alexis de Tocqueville
『Napoléon le petit』Victor Hugo
『Le Palais de l'Elysée histoire et décor』lean Coural
『Napoléon Ⅲ』André Castelot
『Raymond Poincaré Au service de la France』
『Grandeurs et misères d'une victoire』Georges Clémenceau
『Révolution』Emmanuel Macron
『Le Dauphin et le Régent 』Catherine Nay
『Chirac ou le démon du pouvoir』Raphaël Bacqué
『Témoignage』Nicolas Sarkozy
『L'aube le soir ou la nuit]』Yasmina Reza
『Un président ne devrait pas dire ça』Gérard Davet Fabrice LHomme

『女優貞奴』山口玲子
『ドレーフュス事件』ピエール・ミケル（渡辺一民 訳）
『フランス２月革命の日々』アレクシス・ド・トクヴィル（喜安朗 訳）
『パリの歴史』 マルセル・ラヴァル（小林善彦、山路昭 訳）
『フランスの歴史をつくった女たち』 ギー・ブルトン
『ナポレオン言行録　オクターヴ・オブリ編』（大塚幸男 訳）
『ナポレオン・ミステリー』倉田保雄
『パリ風俗史』アンドレ・ヴァルノ（北澤真木 訳）
『パリ 1750』A．ファルジュ、J．ルヴェル（三好信子 訳）
『第三共和制の崩壊』ウィリアム・シャイラー（井上勇 訳）
『ヴィシー政権』アンリ・ミシェル（長谷川公昭 訳）
『対独協力の歴史』ジャン・ドフラーヌ（大久保敏彦・松本真一 訳）
『権力の喜劇』フランソワーズ・ジルー （山口昌子 訳）
『フランス人民戦線』ジョルジュ・ルフラン（高橋治男 訳）
『私はただあるがままに』ベルナデット・シラク（奥光宏 訳）
『ドゴール「大戦回顧録」』（村上光彦　山崎庸一郎 訳）

祥伝社黄金文庫

大《だい》統領府《とうりようふ》から読《よ》むフランス300年史《ねんし》

エリゼ宮《きゆう》の権力亡者《けんりよくもうじや》たち

平成29年10月20日　初版第1刷発行

著　者　山口昌子《やまぐちしようこ》

発行者　辻　浩明

発行所　祥伝社《しようでんしや》

〒101－8701
東京都千代田区神田神保町3－3
電話　03（3265）2084（編集部）
電話　03（3265）2081（販売部）
電話　03（3265）3622（業務部）
http://www.shodensha.co.jp/

印刷所　萩原印刷

製本所　ナショナル製本

　ISBN978-4-396-31721-8 C0195